职业技能等级认定培训教材

西式面点师

（高级）

本书编审人员

主　编　史见孟

副主编　张　帅　干文华　张永亮

编　者　宋宜兵　郁　慧　何年英　周延河　陈　珺
　　　　吴周成　杨玉凯　陈仙川　鲁胚枝　陈玉翔

主　审　叶　卫　黄海瑚

中国劳动社会保障出版社

图书在版编目（CIP）数据

西式面点师：高级 / 人力资源社会保障部教材办公室组织编写 . -- 北京：中国劳动社会保障出版社，2021

职业技能等级认定培训教材

ISBN 978-7-5167-5200-5

Ⅰ. ①西… Ⅱ. ①人… Ⅲ. ①西点 – 制作 – 职业技能 – 鉴定 – 教材 Ⅳ. ①TS972.116

中国版本图书馆 CIP 数据核字（2021）第 270564 号

中国劳动社会保障出版社出版发行

（北京市惠新东街 1 号 邮政编码：100029）

*

三河市华骏印务包装有限公司印刷装订 新华书店经销

787 毫米 × 1092 毫米 16 开本 17.25 印张 297 千字

2021 年 12 月第 1 版 2022 年 1 月第 1 次印刷

定价：69.00 元

读者服务部电话：（010）64929211/84209101/64921644

营销中心电话：（010）64962347

出版社网址：http://www.class.com.cn

内容简介

为推进技能人才评价制度改革，全面推行职业技能等级制度，加快推进职业技能等级认定工作，人力资源社会保障部教材办公室组织有关专家编写了职业技能等级认定培训教材。本教材根据《西式面点师国家职业技能标准（2018 年版）》要求编写，适用于职业技能等级认定培训和中短期职业技能培训。

本教材介绍了高级西式面点师应掌握的理论知识和操作技能，涉及西式面点营养与食品安全、西式面点美学基础、西式面点制作工艺基本原理、管理知识、西式面点主要原料、西式面点制作常用器具、西式面点成本核算、西式面点质量分析与鉴定、手工巧克力制作、酥性面包制作、巧克力糕点制作、装饰蛋糕制作、慕斯制作等内容。

本教材可作为西式面点师职业技能等级认定培训教材，也可供全国中、高等职业院校相关专业师生及本职业从业人员培训使用。

前言

为贯彻中共中央、国务院《新时期产业工人队伍建设改革方案》《关于分类推进人才评价机制改革的指导意见》精神，落实人力资源社会保障部办公厅《关于开展职业技能等级认定试点工作的通知》要求，加快推进职业技能等级认定工作，进一步规范培训管理，提高培训质量，人力资源社会保障部教材办公室组织有关专家编写了西式面点师职业技能等级认定培训教材（以下简称西式面点师等级教材）。

西式面点师等级教材紧贴《西式面点师国家职业技能标准（2018 年版）》要求，在结构上按照职业功能模块编写，不但有助于读者通过等级认定，而且有助于读者真正掌握本职业的核心技术与操作技能。

西式面点师等级教材共包括《西式面点师（初级）》《西式面点师（中级）》《西式面点师（高级）》3 本。《西式面点师（初级）》《西式面点师（中级）》《西式面点师（高级）》涵盖了相应级别西式面点师应掌握的理论知识和操作技能。

西式面点师等级教材在编写过程中得到了上海市职业技能鉴定中心、上海市食品协会、上海市现代食品职业技能培训中心、上海海融食品科技股份有限公司、安琪酵母股份有限公司、益海嘉里食品科技有限公司烘焙事业部、益海嘉里英联马利食品营销（上海）有限公司等单位的大力支持与协助，在此一并表示衷心的感谢。教材编写是一项探索性工作，由于时间紧迫，不足之处在所难免，欢迎各使用单位及个人对教材提出宝贵意见和建议，以便教材修订时补充更正。

人力资源社会保障部教材办公室

目录

Contents

第一篇

理论篇

模块一　西式面点营养与食品安全

学习目标

了解主要原料的营养价值。
熟悉膳食平衡的基本原理。
熟悉西式面点制作中食品安全的相关内容。
掌握原料采购、使用、储存等环节卫生工作要求。

一、西式面点营养知识

1. 主要原料的营养价值

（1）面粉的营养价值（见表 1–1–1）

表 1–1–1　面粉的营养价值

成分	说明
糖类	主要是淀粉，存在于麦粒的胚乳中，是能量的主要来源
蛋白质	必需氨基酸不平衡，属于半完全蛋白质
脂类	大部分为不饱和脂肪酸，常因其氧化和酶水解而使面粉发生酸败现象
维生素	麦粒的胚芽及糊粉层中含有维生素 B_1、维生素 B_2、维生素 E 等。维生素的含量与面粉的加工精细度有关，面粉加工越精细，所含的维生素越少
无机盐	主要含有少量磷、钙、铁等无机盐，大部分集中于麦皮和糊粉层中，面粉的加工精细度影响无机盐的含量

（2）水果的营养价值（见表 1–1–2）

表 1–1–2　水果的营养价值

成分	说明
维生素	除了维生素 A、维生素 D 外，水果中其他维生素也较丰富，尤其是维生素 C。同时，水果所含的柠檬酸、苹果酸既能使维生素 C 稳定，又能促进体内消化液的分泌而利于食物的消化与吸收
无机盐	含量较丰富的无机盐为钾、钠、钙、铁等。水果中含有一种单宁物质可影响无机盐在体内的消化与吸收

（3）蛋类的营养价值（见表 1–1–3）

表 1–1–3　蛋类的营养价值

成分	说明
蛋白质	含量 14% 左右，属于完全蛋白质，是人体优良蛋白质的重要来源
脂类	主要集中在蛋黄中，含量 13% 左右。脂肪中的卵磷脂进入血液能防止胆固醇及脂肪在血管壁沉积
维生素	含有丰富的维生素 A、维生素 D 和维生素 B_2，大部分集中在蛋黄内
无机盐	蛋黄内含有丰富的磷、钙、铁等

（4）乳类的营养价值（见表 1–1–4）

表 1–1–4　乳类的营养价值

成分	说明
蛋白质	含有酪蛋白、白蛋白、球蛋白及人体所需的各种必需氨基酸。牛奶与谷类食物同食可补充谷类蛋白质中氨基酸不足
脂类	含量为 3% ~ 4%，呈分散状态，易被人体消化与吸收。含有大量不饱和脂肪酸及少量卵磷脂
糖类	主要是乳糖，属于双糖，可以促进钙或其他无机盐的吸收
维生素	含有维生素 A、维生素 D、维生素 B 等，但维生素 C 含量极少
无机盐	主要含有钙、磷、钾，铁的含量很低。将牛奶和蛋黄配合食用，可补充牛奶中铁的不足

（5）干果类、坚果类的营养价值（见表 1-1-5）

表 1-1-5 干果类、坚果类的营养价值

类别	说明
干果类	由水果加工而成，含铁、钙等无机盐较多
坚果类	脂肪和蛋白质含量较高，如花生仁、杏仁、核桃仁、葵花籽、松子仁等；含糖量较高，如白果、栗子、莲子等

2. 营养配制

（1）合理选择原料与原料合理利用

1）合理选择原料。自然界中的天然食物没有一种能完全满足人体的生理需要，因此原料品种要注意多样性。

在制定产品配方时，要在考虑产品特点的基础上，从营养角度考虑植物性原料与动物性原料中蛋白质、脂类、糖类、维生素等营养素的合理搭配，选择相应的原料，使产品呈现最佳的食用价值与营养价值。

2）原料合理利用

①动物性原料与植物性原料的合理利用。动物性原料中蛋白质含有人体所需的必需氨基酸，多为优质蛋白质，而且脂溶性维生素及铁、钙、磷等无机盐也较丰富。植物性原料中的不饱和脂肪酸、水溶性维生素对人体也很重要。只有两者合理利用，才能产生互补作用，有利于营养平衡。动物性原料中完全蛋白质所含的必需氨基酸和植物性原料中的不饱和脂肪酸、纤维素、维生素可以经过科学搭配达到营养平衡。

②酸性原料与碱性原料的合理利用。酸性原料在体内完全分解后余下的无机盐多由硫、磷、氯等元素构成，粮食、禽畜肉、水产、蛋、花生等都属于酸性原料。碱性原料在体内完全分解后余下的无机盐多由钾、钠、钙等元素构成，牛奶、水果、杏仁等都属于碱性原料。制定产品配方时，要在控制酸性原料的应用比例前提下，将酸性原料与碱性原料合理搭配，保持体内酸碱平衡。

（2）制作过程对原料营养素的影响（见表 1–1–6）

表 1–1–6　制作过程对原料营养素的影响

种类	影响
溶解流失	营养素会溶于水而受到损失。先切后洗的蔬菜和水果，其中的营养素会从切口处流出而溶于水
加热损失	加热不当会使食品中某些营养素分解或发生不利于食品营养素消化与吸收的变化。过高的烘烤温度会使食品原料中的维生素 A 与维生素 C 受到一定的损失，动物性原料在长时间的高温烘烤或油炸下还可能产生致癌物质
氧化损失	原料与空气接触会造成营养素的氧化损失。切后的水果如果放置时间稍长，切口会因接触空气被氧化而破坏维生素 C
加碱损失	碱可造成大量无机盐和维生素的损失

（3）每日各种食物科学配比及合理摄入量。《中国居民膳食指南（2016）》《中国居民膳食指南科学研究报告（2021）》以科学证据为基础，从维护健康的角度为我国居民提供食物营养和身体活动的指导，所述内容都是从理论研究到生活实践的科学共识，在指导和教育我国居民采用平衡膳食、改善营养状况、增强健康素质方面具有重要的现实意义和历史意义。

《中国居民膳食指南（2016）》为大家提供了平衡营养、均衡膳食的指导，主要包括以下几个方面。

1）食物多样，谷类为主。

2）吃动平衡，健康体重。

3）多吃蔬果、奶类、大豆。

4）适量吃鱼、禽、蛋、瘦肉。

5）少盐少油，控糖限酒。

6）杜绝浪费，兴新食尚。

3. 科学配方

（1）科学配方要求注意营养平衡（见表 1–1–7）

表 1–1–7　营养平衡

营养平衡	影响
产热营养素的营养平衡和能量平衡	蛋白质、脂类、糖类三大营养素各有其特定的生理功能，三者之间的比例一旦失调会产生严重的后果：蛋白质摄入不足会影响人体生长发育，脂类摄入过多易引起高脂血症，糖类摄入过量会影响脂类、蛋白质的吸收
不饱和脂肪酸与饱和脂肪酸的平衡	一般成年人摄入不饱和脂肪酸与饱和脂肪酸的配比为 2 ：1 较适宜
必需氨基酸摄入量、比例与人体需要的平衡	8 种必需氨基酸的摄入量、比例接近人体的需要时，才能合成人体的组织蛋白质，否则会影响蛋白质的吸收
酸性原料与碱性原料的平衡	酸性原料或碱性原料摄入过多或过少，可能引起酸中毒或碱中毒。科学配方时应控制酸性原料所占的比例和保持酸碱平衡

（2）科学配方的基本要求。科学配方以满足人体对营养素的正常需求为前提，依照产品标准计算和制定合理而科学的食品原料配比。

1）掌握原料的营养特点、品质、用途，要求原料能提供一定的热能和营养素。

2）选择的原料要基本保持各种营养素之间数量和质量的平衡。

3）掌握加工、加热方法对营养素产生的影响。

4）掌握各种原料使用时的融合特性。

5）保证热量的需要，调节营养素的比例。

二、西式面点食品安全知识

1. 西式面点食品安全管理一般知识

（1）法律和规章制度要求

1）法律要求

①要在国家食品安全监督管理部门的监管下，严格遵守《中华人民共和国食品安

全法》，做好食品安全工作。

②原料必须无毒、无害，满足营养要求，对人体健康不造成任何急性、亚急性或慢性的危害。

③在制作、保管、销售等过程中，各项操作必须符合相应的食品安全要求。在环境、个人、器具、设备等方面要有相应的规章制度指导和约束每位员工的工作行为，使每位员工都能自觉地执行制度，养成良好的卫生习惯。

2）规章制度要求。西式面点食品安全管理相关规章制度主要包括以下几类。

①仓库管理制度。

②食品原料及成品质量检验、验收制度。

③完善销售的卫生制度。

④卫生工作分块定人、定点的责任制度。

⑤餐具、制作工具、用具的消毒制度。

⑥员工定期健康检查制度与食品安全知识培训制度。

（2）生产流程中各环节的管理

1）环境、设备、工具、用具的管理

①制作环境必须符合食品安全要求。例如，餐厅、饭店必须远离公共厕所、垃圾箱，周围不得有粉尘、有害气体、放射性物质、扩散性污染源等。

②制作场地的建筑设备必须符合食品安全要求。例如，内墙瓷砖、涂料或其他建筑材料等都应无毒无害、无脱落现象，灯泡必须有防爆、防破碎装置，另外还必须有防“四害”的设施等。

③机械设备、工具、用具的材料必须对人体无害且耐腐蚀。例如，机械设备、工具、用具不能用含铅的材料；设备布局时要预留一定的空间，以便清理；经常保持设备、工具的清洁卫生，工作完毕应立即清理和清洗，并分类存放。

2）原料储存与使用的管理

①制定与完善原料验收制度、验收管理制度和定期检查制度。

②根据不同原料的保存要求，控制温度、湿度等条件，使用隔墙离地、干燥通风等方法妥善保存原料。

③原料应做好入库验收工作，分别标明进货日期，分类存放，并按照“先进先出”原则使用。

④原料使用前应对其安全情况认真地加以鉴定，有问题的原料绝不能用。

3）制作过程的管理

①加工制作前的管理。加工制作前要对原料的卫生质量进行验收，控制和管理加工前原料的卫生质量。

②原料初加工、配料的管理。原料初加工、配料都要严格进行卫生管理，从源头上控制及保证原料的卫生质量。

③熟制后加工的产品更要严格做好卫生管理，避免污染，防止食物中毒。

4）成品的管理

①成品入库时要进行验收，并按照成品对储存温度与湿度的要求分类存放。

②做好成品入库记录，并定期检查。

5）生产人员的管理

①生产人员上岗前必须进行体格检查。传染病或皮肤病患者不得上岗。

②生产人员必须每年进行一次健康检查，确保无异常，并取得健康证明后方可上岗工作。

③对生产人员个人清洁卫生的要求有严格的管理制度及执行措施。

④定期对生产人员进行食品安全规章制度的培训，加强食品安全教育，提高生产人员的食品安全意识，保证规章制度的有效执行。

2. 西式面点主要原辅料的安全管理

（1）主要原辅料的管理

1）面粉

①建立台账。建立原料验收的台账管理制度，拒收质量差、变质、过期的面粉，从源头上控制面粉的质量。

②做好储存中的卫生检查管理工作。面粉在储存过程中会不断地进行新陈代谢，主要表现为面粉颜色变得无新鲜感，失去面粉固有的香味等。面粉储存时必须做好进出台账记录，并按照“先进先出”原则使用。

面粉的储存温度与湿度如果比较高，不仅面粉中的营养物质容易分解，而且为微生物的生长创造了条件，会使面粉发生霉变。要严格控制面粉储存的温度和湿度，保持储存场所干燥、通风。面粉由于保管不当，常受到害虫蛀蚀，害虫的排泄物、分泌物会使面粉发热霉变。面粉堆放时必须隔墙离地，还要有防虫措施。

③使用前过筛。生产结束后，剩余的面粉必须过筛后才能另行使用，不能与新鲜面粉混放。

2）油脂

①油脂酸败。食用油脂的主要卫生问题是酸败。脂肪组织中残留物或微生物引起的解脂酶活化、温度和水等作用的水解过程、不饱和脂肪酸自身氧化的化学变化、紫外线或氧的影响等都会引起油脂酸败。

油脂酸败主要有水解型酸败和氧化型酸败。水解型酸败是指油脂在温度与水的作用下，中性脂肪分解产生低级脂肪酸，使油脂的气味和滋味产生变化而失去原有的香味，产生苦涩感。氧化型酸败是由油脂中脂肪自身氧化引起的。不饱和脂肪酸的甘油酯在空气、光线的影响或铜、铁离子的催化下，形成过氧化物，分解成醛、酮等具有特殊刺激臭味的物质，使油脂产生“哈喇味”。

②油脂储存和使用。油脂应避光、密封、低温储存，禁止使用铜、铁等金属盛器盛放油脂。要加强油脂储存管理，按照“先进先出”原则使用，不要长时间储存。

加强油脂使用管理，使用油脂时要先检查其质量，要避免反复高温加热引起油脂化学变化，还要控制油脂加热的温度与时间。

3）鸡蛋

①鸡蛋的验收制度。引起鸡蛋腐败变质的主要原因是沙门氏菌污染和微生物侵蚀。必须做好鸡蛋的验收工作，应使用新鲜的鸡蛋进行西式面点制作。

②鸡蛋的储存。细菌、真菌可通过不同的途径侵入鸡蛋内，引起鸡蛋中酶的分解，导致鸡蛋的腐败变质，因此鸡蛋在运输及储存中要避免污染和外壳破损，避免沾染细菌。鸡蛋的储存温度应控制在 1 ~ 5 ℃，相对湿度为 90% 左右，储存时间不宜过长。

4）乳制品。西式面点制作中经常使用牛奶（也称牛乳）、酸奶、稀奶油、乳酪（也称芝士、奶酪）、奶粉等乳制品，它们含有丰富的蛋白质、脂肪、维生素、矿物质等，营养价值极高。奶粉是以鲜奶为原料浓缩后干燥制成的，其他乳制品含水量较高，易繁殖细菌而变质，因此乳制品的安全管理工作极其重要。

①乳制品的验收。乳制品入库前除了检验外观品质外，还要仔细检查生产日期、保质期、产地、厂家等，并做好记录。乳制品按照“先进先出”原则使用，保证新鲜。

②乳制品的储存。奶粉易吸湿和吸收异味，需在密封、通风避热、无异味的存放条件下储存；牛奶、酸奶、稀奶油、乳酪应有严格的低温冷藏保管制度。

5）水果。水果在西式面点中的使用范围较广。水果中含有大量水溶性物质与酶，在储运和加工过程中受到微生物污染后容易腐败变质。

为了防止水果腐烂变质，要严格控制储存的温度和湿度。需要冷藏的水果以温度 0 ~ 5 ℃、相对湿度 85% 左右为宜，储存时间不宜过长。

水果用于西式面点制作时，要依次进行清洗、消毒、削皮等工序，严格执行生、熟分开的卫生管理制度。

6）罐装食品。罐装食品是西式面点常用的辅料，保质期较长，不经加温即可直接使用。

①造成罐装食品污染的主要原因是微生物污染和添加剂过量使用。在罐装食品的生产过程中，原料、容器不卫生可能把细菌带入罐内。灭菌加热的温度与时间不足使耐热的细菌存活并繁殖，会引起污染。入罐操作时，容器封闭不严，导致外界微生物侵入并在适宜的条件下繁殖，会引起污染。

②罐装食品的管理。罐装食品受污染后，一般会出现胖听（即铁皮罐膨胀）、酸败、变味等感官现象。摔、挤、按等物理性因素导致瘪听的罐装食品可以使用，而生物性或化学性因素造成胖听的则不能使用。开罐后发现酸败或变味的食品绝对不能使用。

罐装食品应放在通风、阴凉、干燥的环境中储存，要严格确保罐装食品在保质期内使用。

（2）主要原辅料适用的储存温度与相对湿度（见表 1-1-8）

表 1-1-8　主要原辅料适用的储存温度与相对湿度

原辅料种类	储存温度 /℃	储存相对湿度
面粉	18 ~ 24	55% ~ 65%
鸡蛋	1 ~ 5	90% 左右
稀奶油	0 ~ 5	75% ~ 85%
砂糖	10 ~ 25	65% 左右
牛奶	0 ~ 10	80% 左右
乳酪	0 ~ 2	80% 左右
新鲜水果	0 ~ 5	85% 左右

（3）食品添加剂的管理。食品添加剂是指为了改善食品品质，如色、香、味等，以及满足防腐、保鲜和加工工艺的需要而加入食品中的人工合成或天然物质。

为了满足口感与健康的需要，适量使用食品添加剂是必要的，但要正确认识食品添加剂的安全性问题。使用食品添加剂必须严格遵循以下原则。

1）不应对人体产生任何健康危害。

2）不应掩盖食品的腐败变质。

3）不应掩盖食品本身或加工过程中的质量缺陷。

4）不以掺杂、掺假、伪造为目的使用食品添加剂。

5）不应降低食品本身的营养价值。

6）在达到预期效果的前提下，尽可能降低食品添加剂在食品中的使用量。

直接加入食品中的食品添加剂如果超标，对人体的健康是有害的。滥用食品添加剂会给食品安全带来严重威胁，必须从严管理食品添加剂的使用，并加强添加剂使用知识的宣传和教育。

有些人错误地认为天然物质无毒，而合成添加剂一定具有危害性。其实，合成的化合物不一定都有毒，天然物质也不是绝对安全的，关键在于掌握科学的使用量，正确认识其安全性。

模块二　西式面点美学基础

学习目标

了解西式面点美学的特点。

掌握西式面点美学的构成要素。

掌握艺术装饰造型的方法。

一、西式面点美学审美法则

1. 西式面点美学的特点

食品美学是研究美的现象、美的感觉、美的创作的一门实用科学。食品美学由食品形式美表现，它是食品食用功能及审美价值的统一。食品形式美通过各种形式要素有规律地组合来表现。各种形式要素主要是指食物的材质、色彩、形态等。

西式面点美学具有综合性及食用性的特点。其中，综合性由饮食活动的复杂性决定，食用性是指相关原料是可以食用的。

（1）色彩美

1）色彩的分类。色彩是由光的作用而产生的，一般将色彩分为原色、间色及复色三类，见表 1–2–1。

表 1–2–1　色彩的分类

分类	说明
原色	自然界中最基本的颜色是红色、黄色、蓝色，其他的颜色都可由这三种颜色按不同比例配制而成，因此红色、黄色、蓝色称为原色，也称三原色

续表

分类	说明
间色	由任意两种原色等量调配而成的颜色称为间色，也称第二色。三原色中的红色与黄色等量调配可以得到橙色，红色与蓝色等量调配可以得到紫色，黄色与蓝色等量调配可以得到绿色
复色	将任意两个间色或三个原色混合产生的颜色称为复色，也称复合色。复色色彩丰富，包括除原色和间色以外的其他所有颜色

2）色彩的属性。色彩具有不同的属性，一般有色相、明度、纯度等，见表 1–2–2。

表 1–2–2　色彩的属性

分类	说明
色相	色相是指色彩的相貌，一般分为有彩色和无彩色。有彩色是指红色、橙色、黄色、绿色、青色、蓝色、紫色等，无彩色是指黑色、白色、灰色
明度	明度是指色彩的明暗程度。黑色最暗，白色最亮，灰色介于两者之间。同一颜色加黑色或白色调和以后也能产生各种不同的明暗层次。在一种颜色中，把加入不同量的黑色、白色所产生的深、浅不同的颜色称为同类色
纯度	纯度是指色彩的纯净程度，表示颜色中所含有色成分的比例。色彩含有色成分的比例越大，纯度越高

3）色彩的情感。色彩的情感是指人们对色彩的感觉、联想的一种心理反应，不同的色彩会给人不同的感受，见表 1–2–3。

表 1–2–3　色彩的情感

色彩的情感	说明
冷暖感觉	色彩本身并无冷暖的温度差别，色彩可以引起人们对冷暖感觉的心理联想。暖色包括红色、橙色、黄色等，给人温暖、热烈、危险等感觉；冷色包括青色、蓝色、绿色等，给人寒冷、理智、平静等感觉
胀缩感觉	红色、黄色、橙色给人活泼、愉快、兴奋的膨胀感觉，而青色、绿色、紫色给人安静、沉稳、踏实的紧缩感觉
动静感觉	暖色给人兴奋的感觉，冷色给人安静的感觉

（2）材质美。一般的原料都具有表面肌理、形态、内在质量等基本要素，利用原料的天然形态或运用工具、器具对原料进行加工是西式面点制作的常用方法。

（3）形态美。将原料的各种要素有规律地组合所反映出来的美就是西式面点的形态美。一般西式面点的形态美可以从自然形态、人造形态、偶发形态中表现出来。

1）自然形态。自然形态是指自然界中客观存在的各种形态。

2）人造形态。人造形态是指加工制作后创造出来的形态。

3）偶发形态。偶发形态是指劳动生活中偶然发生、发现的形态。

2. 西式面点美感的构成要素

西式面点的造型及装饰过程实际上就是一个创造美的过程。这种创造美的过程是食文化的一种重要表现形式。

在食品装饰的特定条件里，对食品色、形的审美感受只是以视觉为基础的第一感觉，而食品的香气、味道和质感才是食品中最重要的感觉。因此，区别工艺美学与食品美学的要点就在于食品美学离不开食用性的原则，追求形态美的过程中不能脱离卫生、营养、可口的食用要求。如果忽视了食品的香味、口感和质感，就失去了食品美学的食用意义和价值。

（1）主题。主题是通过题材体现的作品中心思想，在文学作品中往往起到主导的作用，是作者在社会活动、生活体验中积累的生活感受的反映。食品美感的构成要确立一定的主题，这个主题也是生活的反映，如节庆、生日或其他社会活动中的生活感受。但食品美感的表现原则在于“食”，围绕主题的食品造型或装饰要既能食用又能体现制作者的情感与素养。主题的确立只是目标，更重要的是食用材料、工艺、造型设计、制作技术等方面的创意。

（2）材料。装饰材料必须选择可食用的原料，既能丰富食品的造型和色彩，又能符合食品的味觉与口感要求。利用装饰材料的性能，通过变化、创造的制作工艺，可充分展示食品的美感。同时，还要利用装饰材料的质感，改善食品的味觉与口感。

西式面点美感的体现不仅限于装饰材料，制作原料也可以融入创意的因素。不同的原料通过组合可以形成一种复合的质感，使美感从视觉到味觉、口感延伸。

（3）构图。西式面点构图的设计必须掌握疏与密的结构平衡，留有空间，使整个图案的布局没有过度密集或稀疏的视觉感，达到疏密变化统一协调的效果。构图中采

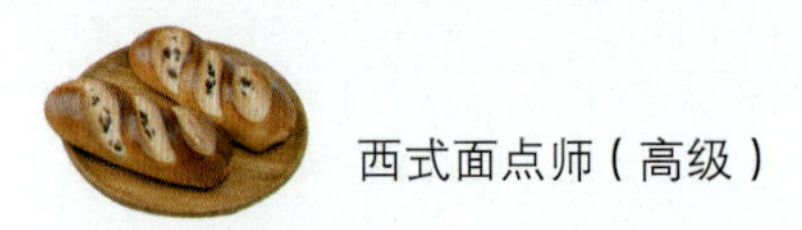

用的元素有主、宾之分，“主”就是对主题内容起主导表现作用，在构图设计中要重点突出的部分，“宾”就是其余次要的衬托部分。构图设计中要确立构图内容的中心，包括造型及主题表现的布局设计等，最忌装饰过重、喧宾夺主。

构图设计的第一步是对整个制品的造型、用料、布局、色泽搭配进行全面合理的构思，考虑创作表现方法和创意艺术手法，通过创作与创意体现食品美感。

在构思的基础上，要对材料、色泽进行严格的选择，并做好造型、布局的设计。最好舍弃拥挤、烦琐的装饰，用简洁、明快、典雅的创意艺术引发无限的遐想。

（4）造型。西式面点造型艺术有别于传统的工艺美术，应遵循简洁、美观和因材（原料）制宜的原则。构思明确，选料合理，造型装饰或捏塑工艺等稍加变化，就可以提高制品的艺术情趣。

食品的造型有多种形式，制作清酥类、混酥类、蛋糕类制品时，可以依托刻模或模具造型，在未成熟前定型。

成熟以后的造型一般都有一个构图、创意的过程。在考虑造型的同时，也要结合造型设计色彩与图案，合理巧妙地进行组合，产生丰富的形象感。

3. 雕塑工艺在西式面点装饰中的应用

雕塑工艺运用于西式面点装饰中，可以使制品不仅有食用价值，而且有高度的艺术感和观赏价值。

西式面点装饰中，“雕”和“塑”是两个不同的概念。“雕”即雕刻，是用刻的手法将整料按工艺设计的要求去除不需要的部分，保留需要的部分，最终修整成艺术作品；“塑”即塑造，是用可塑性好的原料塑造形象的装饰品或在基础的雕刻模上再使用增加的手法塑造形象的装饰品。“雕”和“塑”常统称为雕塑工艺。

（1）雕刻工艺在西式面点中的应用。食品雕刻的基本技法有圆雕和浮雕两种。圆雕即立体雕刻，其作品效果比较逼真。浮雕即平面雕刻，其作品具有较强的绘画效果。

西式面点雕刻的原料有巧克力、瓜果、琼脂、冰等。其中，巧克力、瓜果都能食用，可置于甜品、装饰蛋糕等的表面，而琼脂与冰雕一般用在冷餐会、酒会与宴会上点缀主题、增加气氛，或在重要宴席上作为冷菜、甜点、水果的盛器，在灯光下晶莹剔透，可以达到独特的效果。

冰雕作品的陈列时间很短，对原料冰的质地和透明度要求较高，而且必须在

15 ℃以下的室温条件下制作，要求制作者动作迅速，在最短时间内完成作品。冰雕作品可配冷光灯、花卉装饰，体现其晶莹透明、缤纷艳丽的艺术效果，如图 1–2–1 所示。

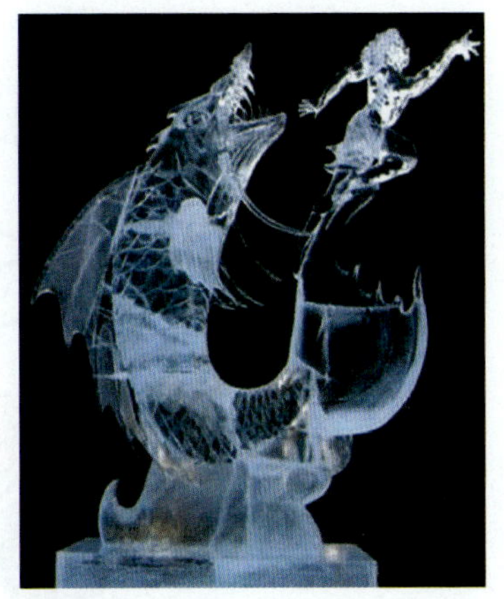

图 1–2–1 冰雕作品

（2）塑造工艺在西式面点中的应用。西式面点塑造有别于西式面点雕刻。如果说西式面点雕刻用的是“减法”，那么西式面点塑造用的则是“加法”。

1）糖塑（见图 1–2–2）。糖塑以白砂糖、葡萄糖或艾素糖为原料，加热熬煮后通过特定的拉、塑等工艺塑造成形态各异的造型。糖塑的特点是色彩丰富、晶莹剔透、可食用，且具有较强的艺术性。糖塑单独使用或与巧克力、蛋糕组合造型，都能取得令人惊艳的艺术效果，在当前较流行。

2）油塑（见图 1–2–3）。油塑以特制的雕塑黄油为原料。这种黄油熔点高，软硬适中，可塑性好，不粘手，常温下不易融化，操作方便。油塑制作时，先在预制的雕刻模型表面塑形，再精心雕琢。

图 1–2–2 糖塑

图 1–2–3 油塑

3）巧克力制品（见图 1–2–4）。巧克力塑形要在室温 20 ℃时进行，存放条件为 15 ~ 18 ℃。

4）杏仁糖团、翻糖（见图 1–2–5）。杏仁糖团、翻糖等塑形原料不仅可塑性好，而且制作方法与所需的客观条件与糖塑、油塑相比更方便、实用。

图 1-2-4　巧克力制品

图 1-2-5　翻糖蛋糕

雕塑制品是西式面点艺术装饰的重要组成部分，多见于各种大型宴会、酒会、自助餐及大型活动的装饰，具有突出主题、烘托气氛的作用。

二、艺术装饰造型

艺术装饰造型分为艺术装饰造型蛋糕和餐台艺术装饰造型两种呈现形式。

1. 艺术装饰造型蛋糕

艺术装饰造型蛋糕不同于一般的装饰蛋糕，是各种艺术造型在蛋糕中的综合体现，其装饰性强，既有艺术性又有食用性。艺术装饰造型蛋糕制作难度大、欣赏价值高，主要用于宴会、各种大型活动的布置。艺术装饰造型蛋糕的装饰用料有杏仁糖团、翻糖、白饰糖、巧克力塑形坯、糖塑等。

艺术装饰造型蛋糕与多层装饰蛋糕的区别不大，主要差异在于多层装饰蛋糕往往根据婚庆、生日、纪念活动等主题要求制作，而艺术装饰造型蛋糕虽然也可以根据主题要求制作，但一般无主题要求，更注重造型和艺术性，整个设计和制作都需要较长的时间，对造型艺术的要求高，需要多种工艺及手工技巧综合运用，有时还需要几个人配合一起完成制作。

2. 餐台艺术装饰造型

在大型的冷餐会或宴会上都会有用巧克力或糖制作的餐台艺术装饰造型，其具有较高的艺术性与观赏性，是制作者的创意、智慧与技术的综合体现，制作工艺难度较高。

用巧克力制作的餐台艺术装饰造型具有典雅、高贵的特点，捏塑巧克力面坯还可以制作花草树木、动物等巧克力雕塑。掌握巧克力的温度、制作技巧是制作巧克力餐台艺术装饰造型的关键。

用糖制作的餐台艺术装饰造型以其色彩绚丽、晶莹透亮、立体感强的特点，成为高级的可食性餐台艺术装饰品。控制糖液的温度、时间，以及制作时的动作、手法、技巧对糖艺装饰造型制作很重要。

模块三　西式面点制作工艺基本原理

学习目标

了解食品化学成分的性能。
了解食品化学成分在加工中的变化。
了解西式面点的色、香、味、形。
了解西式面点制作工艺的基本原理。
掌握西式面点不同面团的特性。

一、食品的化学成分

1. 食品的一般化学成分

食品的一般化学成分指食品内一定量的蛋白质、糖类、脂类、无机盐、维生素和水。

（1）蛋白质。构成蛋白质的基本单位是氨基酸，主要元素为碳、氧、氢、氮。蛋白质的性能见表 1–3–1。

表 1–3–1　蛋白质的性能

性能	说明
蛋白质水解	蛋白质在酸、碱及蛋白质水解酶的作用下发生水解，形成简单的化合物，其产物是食品形成色、香、味的重要原因
蛋白质变性	蛋白质在 60 ~ 70 ℃时即可发生变性。变性的蛋白质筋力下降，面团的弹性与延伸性相对减弱。蛋白质热变性的速度同温度成正比，温度越高，变性的速度越快。哈斗面糊就是利用面团烫熟后蛋白质变性的原理来制作的
蛋白质水合	制作面包的面粉中加入少量盐，可以提高面包中面粉蛋白质的水合能力，形成网络结构，促使面包体积膨胀

（2）糖类。糖类又称碳水化合物，基本由碳、氢、氧三种元素构成，按其水解产物及分子组成的不同又可分为单糖、双糖和多糖。糖类的种类和性能见表 1–3–2。

表 1–3–2 糖类的种类和性能

种类	代表物质	性能
单糖	葡萄糖、果糖、半乳糖	最简单的碳水化合物，可直接被人体吸收与利用，易溶于水，有吸水性，易吸收空气中水分而返潮。在碱性溶液中较为稳定，在酸性溶液中易发生水解
双糖	蔗糖、麦芽糖、乳糖	易溶于水，其溶解度和温度成正比。在酸性条件下可水解为转化糖，水解后的转化糖可抑制微生物的生长
多糖	淀粉、琼脂、果胶、纤维素	一般难溶于水，无甜味。可以水解，最终产物为单糖

（3）脂类。脂类是由甘油和脂肪酸组成的有机化合物。常温下呈液态的脂类称为油，常温下呈固态的脂类称为脂。脂肪酸可分为饱和脂肪酸和不饱和脂肪酸。油脂的性质与其所含脂肪酸种类有很大的关系。脂类的性能见表 1–3–3。

表 1–3–3 脂类的性能

性能	说明
水解	脂类在酸、碱、酶的作用下可发生水解。其中，脂类在酶作用下的水解反应是脂类酸败的原因之一
老化	脂类在高温下发生热聚合、热分解、热氧化，使脂类产生黏度增稠、色泽变暗、气泡增加、发烟点下降等理化变化

（4）无机盐。食品中除碳、氢、氧、氮以外的其他元素均称无机盐，也称矿物质。无机盐是食品酸碱性的化学基础，可调节人体的酸碱平衡。无机盐的食物来源见表 1–3–4。

表 1-3-4　无机盐的食物来源

种类	说明
酸性食物	鱼、肉、蛋、谷类、奶油、油脂等含有成酸成分多，如磷、碘、硫、氯等
碱性食物	水果、蔬菜、牛奶、果汁等含有成碱成分多，如钠、铁、锌、钙、镁等

（5）维生素。维生素是机体维持正常生理功能所必需，但需要量却极少的天然有机物。维生素的种类和性能见表 1-3-5。

表 1-3-5　维生素的种类和性能

种类	性能
水溶性维生素	溶解于水，不溶解于脂肪，主要有维生素 B、维生素 C
脂溶性维生素	溶解于脂肪，不溶解于水，主要有维生素 A、维生素 D、维生素 E、维生素 K

（6）水。食物中的水分根据存在的状态可分为自由水和结合水两种。水的种类和性能见表 1-3-6。

表 1-3-6　水的种类和性能

种类	性能
自由水	可作为溶剂，在 0 ℃时结冰，易挥发散失
结合水	结合水的存在关系到食品的风味

2. 食品中的酶

酶是一种由生物活细胞产生的具有催化作用的蛋白质。

（1）催化作用。酶的催化作用具有专一性，易受温度、酸碱度等因素影响。温度为 30 ~ 40 ℃和 pH 值为 4.5 ~ 8 时，酶的活性最强。强酸、强碱、高温或极低温条件下，酶蛋白会变性而失去其催化活性。大多数酶的催化活性在 50 ℃以上明显下降。利用加温可使细菌体内酶热变性而死亡，也可以通过改变酸碱度来控制酶的活性，从而达到防止食品腐败变质的目的。

（2）酶对食品的影响。酶在适宜条件下的催化作用会加速食品成分的分解，降低食品的质量。酶的催化作用不加控制会使食品营养价值与感官性质发生变化，导致食品腐败变质。

（3）加工中较重要的酶见表 1-3-7。

表 1-3-7 加工中较重要的酶

种类		性能
淀粉酶	α－淀粉酶	α－淀粉酶水解直链淀粉的产物为麦芽糖和葡萄糖，水解支链淀粉的产物为麦芽糖、葡萄糖与异麦芽糖
	β－淀粉酶	β－淀粉酶水解直链淀粉的产物 100% 为麦芽糖，水解支链淀粉的产物中只有 50% 左右的麦芽糖，其余为糊精
	γ－淀粉酶	γ－淀粉酶也称葡萄糖淀粉酶，可将直链淀粉和支链淀粉全部水解为葡萄糖
果胶酶		果胶酶是植物和微生物中能降解果胶的物质，用其处理果肉可提高果汁的产量，并使果汁更澄清
脂类分解酶		脂类分解酶可把脂肪水解成脂肪酸和甘油，与牛奶、奶油等原料的变质、游离脂肪酸的增加有关

二、食品化学成分在西式面点加工中的变化

1. 蛋白质的变化

蛋白质在食品生产中较常见的变化是热变性。

（1）蛋白质在 60 ~ 70 ℃时开始热变性，随着加热时间的递增会出现凝固现象，凝固程度与加热时间成正比。这有利于体内消化酶与蛋白质分子完全接触，提高蛋白质的消化率。

（2）食品中含有的还原糖和氨基酸之间会产生美拉德反应（又称羰氨反应），使食品着色并产生特殊的风味，如面包的滋味、香味等。

（3）高温加热会造成一部分蛋白质的损失，从而降低蛋白质的营养价值。例如，面包在高温烘烤中赖氨酸损失达 10% ~ 15%，加温不当还会引起氨基酸氧化，形成的

氨基酸键能阻止酶的水解，影响蛋白质的消化与吸收。

2. 糖类的变化

在食品加工过程中，糖类可发生多种变化，其中常见的是淀粉的糊化、老化和果胶质的变化。

（1）淀粉的糊化。淀粉不溶于冷水，但在 50 ~ 60 ℃的温水中会溶解、胀润、分裂并形成均匀的糊状溶液，这种变化称为淀粉的糊化。淀粉加热到 160 ~ 170 ℃时产生的糊精易溶于水，比淀粉易消化。

（2）淀粉的老化。淀粉糊化后，在室温或低于室温环境下可逐渐发生凝结而沉淀，这种现象就是淀粉的老化。老化的淀粉不能被酶水解，不易消化。

（3）果胶质的变化。一般蔬菜、水果中都含有一定量存在于细胞壁及细胞间质中的果胶质。果胶质的食品加工意义在于水溶液在适当条件下能形成凝胶。果酱、果冻等就是利用这一特性制作而成的。

3. 脂肪的变化

脂肪在长时间加热的情况下，会黏度增大、酸价增高、产生刺激性气味。

一般加工情况下，油脂中的脂肪组织不会发生质的变化，但加热温度过高（250 ~ 300 ℃）或反复加热可使脂肪发生氧化分解。如果油脂被反复加热使用，会产生对人体有害的物质丙烯醛，使脂肪的黏度增大，且具有强烈的刺鼻味。

热变性的脂肪不仅味道差，还丧失了营养价值，更大的危害是产生了毒性。

4. 无机盐的变化

一般情况下，无机盐的化学成分比较稳定，但在食品加热的过程中食品原料中的钙、镁、碘、磷、铁等无机盐在一定条件下可随着水分溢出而流失。

5. 维生素的变化

在食品加工过程中，各种维生素易受到破坏。加热时间、温度与维生素的损失成正比，尤其是维生素 C 的损失最多。

6. 水的变化

水具有溶解性，在食品加工过程中可使原料成分发生各种化学变化。水在西式面点制作中的作用如下。

（1）水作为营养素及糖、盐等的溶剂，便于人体对其的吸收和利用。

（2）水能调节面团的软硬度与蛋糕的湿润度。

（3）水能与面粉中的蛋白质形成面筋质。

（4）水加热后使淀粉产生糊化作用。

（5）在乳化剂作用下，水与油脂形成乳化，增加制品的酥松度。

（6）水可作为食品蒸烤中的传热介质。

（7）水是酵母生长繁殖的介质。

（8）水能促进酶的水解作用。

三、西式面点中的色、香、味、形

1. 西式面点中的色

（1）食材的固有色。食材都具有本身的固有色，如蔬果的自然色彩，糖粉的雪白色，咖啡、巧克力的本色等。运用食材的固有色进行调色，既安全又有营养价值。因此，在西式面点制作中经常利用食材的固有色。

（2）食用色素着色。食用色素是赋予食品色泽或改善食品色泽的物质，也称着色剂。食用色素按来源可分为天然色素和人工合成色素。在西式面点制作中，食用色素的使用要符合食品添加剂使用标准。

（3）工艺着色。西式面点加工过程中的色泽变化与原料的成分、传热介质、温度等有关。

1）褐变。原料在加工、储存或受到机械损伤时，色泽变暗或呈褐色，即为褐变。褐变可分为酶促褐变与非酶促褐变两种。

①酶促褐变。酶引起的褐变多发生在加工过程中，如水果、土豆的切开面、损伤处等。酶促褐变可以用热处理、酸处理、真空包装等方法避免，一般在温度 45 ℃以下、pH 值 3.0 以下的环境条件下可避免酶引起的褐变。也可以将已经加工的原料（如水果、土豆等）浸泡在糖、盐溶液或清水中，防止酶促褐变。

②非酶促褐变。非酶促褐变是指无须酶的作用而产生的褐变，包括焦糖反应与美拉德反应。

焦糖反应是指加工中高温引起糖的焦化作用，使含糖量较高的面点表面呈金黄、棕褐等色泽。

美拉德反应是指食品在高温、酸碱度过高或长期储存不当时发生的褐变，酸碱度越高美拉德反应的速度越快。一般常用降温、降低酸碱度、降低浓度等方法控制非酶促褐变。

2）糊精的焦化。淀粉在不完全水解的情况下会产生大量糊精，在高温下使食品产生色泽。

3）原料在加工过程中添加的适量食用色素或辅料，如可可粉、糖粉、巧克力等也会形成某种色泽。

2. 西式面点中的香

西式面点在熟制过程中，原料中的各种成分会发生多种复杂的理化变化。香气可能是食物本身所含有的或经过生物、化学变化而产生的，见表 1–3–8。

表 1–3–8　西式面点香气的形成

种类	形成原因
生物合成	天然原料在成熟过程中自然合成而形成香气
直接酶作用	原料中所含的酶或加入的酶被活化，使原料形成香气
间接酶作用	加工中酶的作用形成中间物，在中间物的作用下形成香气
高温分解作用	原料加热后，在高温作用下发生了美拉德反应、油脂分解反应或焦糖反应而形成香气

3. 西式面点中的味

（1）味觉的概念。味觉是食品中可溶性物质或液态物质刺激味蕾而产生的，受温度、浓度、溶解度，以及个人不同的味感、生理感觉等影响。

（2）西式面点中味的形成。食物的味是食物本身所携带的。食物本身是由分子构成的，分子是不稳定的，向外散发的分子被人们的味蕾捕捉到，对味蕾内的感受器官造成不同的刺激，再传递到大脑就产生了味觉。

4. 西式面点中的形

西式面点的形态感是人们对产品造型所产生的视觉心理反应。千姿百态、生动活泼的形态会使食用者心理上产生一种美感，有了美的色彩、美的造型，西式面点就具有了美感属性。

西式面点的成形一般有加工中成形和熟制后成形两种情况。

（1）加工中成形。加工中成形一般利用原料具有的可塑性进行造型，运用各种形状的模具刻制、凝固成形等。

（2）熟制后成形。熟制后成形是指食品原料加热后化学性能改变而对西式面点进行造型的方法。熟制过程中，面粉中淀粉加热糊化、蛋白质加热变性和凝固、水分蒸发等，形成制品的骨架起支撑作用，从而形成各种形状。

四、西式面点制作工艺的基本原理

1. 原料选择与西式面点制作

西式面点制作工艺与原料（如面粉、蛋、糖、乳品等）特性有密切关系。例如，面粉中蛋白质能形成面筋质；油脂的疏水性阻止面团吸水形成面筋质，能保持面团的柔软性和可塑性；鸡蛋蛋清具有发泡性；盐具有渗透性、助酵与阻酵作用；糖具有易溶性，能产生焦化作用等；各种食品添加剂具有不同的性能等。西式面点制作时，应根据不同品种对色、香、味、形、质的要求，按不同原料的特性选择相应的原料调制面团。

2. 面团调制与西式面点制作

各种品种的西式面点对面团的要求有所不同，其面团调制的方法、性质和特点也不同。西式面点制作工艺中的面团主要有水调面团、酥松面团、膨松面团。

（1）水调面团。水调面团是以水为介质与面粉调和而成的面团，特点是质地坚实，具有良好的可塑性和延伸性。西式面点制作中主要使用的是冷水面团和热水面团。

1）冷水面团。冷水面团是以冷水为介质调制的面团，利用面粉中蛋白质的亲水性使面团具有质地坚实、筋力足、韧性强的特点。

冷水面团要求搅透、揉透。静置是面团搅打结束或揉好后必需的一道工序，在静置阶段面团中的筋力松弛、蛋白质充分胀润使面团柔韧。

2）热水面团。热水面团是以 70 ℃以上的热水为介质调制的面团，利用淀粉糊化、蛋白质热变性使面团的物理性能有所改变，具有黏柔性及可塑性。

（2）酥松面团。酥松面团利用糖、油脂、蛋等原料的特性：面团中糖的易溶性、黄油的疏水性能减弱与阻止面筋质的形成；蛋能使面团不致松散及具有良好的乳化性能，使面团具有筋力小、疏松、柔软等特点。

（3）膨松面团。膨松面团主要是在面团调制中加入一些增加膨松性的食品添加剂或采用特殊的调制方法使制品膨松的一类面团。在西式面点制作中常见的膨松方法有生物膨松法、化学膨松法和物理膨松法。

1）生物膨松法。生物膨松法是通过酵母在一定条件下生长繁殖并维持其生命活动而使面团膨松的一种方法。酵母利用面团中的水、温度、糖类及其他营养物质，在生长繁殖过程中产生大量二氧化碳气体、乙醇及部分热量，使面团达到膨松多孔、富有弹性、柔软的特点。

2）化学膨松法。化学膨松法是通过加入化学疏松剂，在西式面点成熟过程中受热产生化学反应生成二氧化碳气体，形成细密多孔的组织结构，使制品膨松的一种方法。西式面点制作中常用的化学膨松剂有碳酸氢钠、碳酸氢铵和泡打粉。

3）物理膨松法。物理膨松法是通过物理搅拌纳入空气而使面团膨松的一种方法。

3. 成熟与西式面点制作

成熟即熟制，是面式面点制作中的关键环节之一。西式面点制作中，常见的成熟方法是烘烤。大部分制品特点的形成主要取决于炉内高温作用的结果，这种作用是通过热传导、热对流、热辐射的传热方式形成的。

另外，也有利用水、油或水蒸气的对流热，以及用煮、炸、蒸等方式的成熟形式。

西式面点品种丰富，烘烤方法的范围很广，不同品种的成熟原理也不尽相同。例如，蛋糕坯入炉后，在烤炉温度作用下，蛋糕坯表面的水分蒸发，淀粉产生的糊精、糖产生焦化作用，形成蛋糕坯棕褐色的表面；同时高温的作用促使蛋糕糊内的气泡受热膨胀、面粉中的淀粉糊化、蛋白质凝固、气泡固定，使蛋糕坯的内质形成气孔均匀、细腻松软、海绵状的特点。由于各品种的要求不同，成熟原理也有所不同，而其共性是：要根据成品要求，通过调节下火（也称底火）温度、上火（也称面火）温度控制炉内温度使制品完全成熟并体现其特点。

模块四 管理知识

学习目标

了解生产管理、质量管理、技术管理和设备管理的相关知识。

掌握生产管理中各种计划的制订方法。

一、生产管理

1. 生产计划管理

（1）确定生产任务。必须按照“以销定产”的原则确定生产任务，即根据每天的销售量确定每天的生产任务，确定制作人员的任务和安排，确保在保证产品质量的前提下按时完成生产任务。

（2）合理安排生产计划。从制作人员的技术水平、制作场地、机械设备、工具用具等现有条件出发，制订健全、完善的生产计划。

2. 生产流程管理

生产流程管理主要指厨房（饼房）生产加工流程中对每个工种、每道工序的管理。在制订生产计划时，每个生产流程要以每个工种、每道工序的制作要领及标准而定。

生产流程管理要以品种的质量标准为主导，对品种的规格、制作流程中的客观条件（如设备、温度、时间、搅拌速度等）都要制定一整套有依据的、实际的、量化的要求，使生产流程的管理更具科学性、合理性。

3. 生产安全管理

（1）卫生安全管理。食品的卫生安全主要是指食物中毒事故的预防。为了防止由于操作不当而造成细菌性食物中毒、动植物性食物中毒、化学性食物中毒等事故的发生，要求制作时生熟分开，成品应烘熟，要合理、准确地使用食品添加剂，禁用有毒源的设备与包装材料，建立卫生规章制度及相应的监督、检查管理制度。

（2）操作安全管理。操作安全管理主要是指防止安全生产事故的发生，预防由于设备操作不当、违反操作规程导致的烫伤、割伤、触电等事故或扭伤、跌伤等意外。操作安全管理要求必须制定机械设备安全使用条例，遵照设备的使用说明规范进行操作，操作时要思想集中；切断电源后再进行设备保养与维修；工作场地应保持清洁、干燥、无障碍物；对燃气灶、烤炉等设备需制定各种相应的操作安全条例，保障操作人员的人身安全。

二、质量管理

1. 产品质量

产品质量主要指加工后的食品符合产品标准。产品质量是企业的生命，与企业的经济效益有直接关系，应贯穿于整个产品生产、销售、卫生、服务等全方位管理工作中。

2. 质量控制

（1）生产流程中的质量管理包括原料控制、流程控制、设立质量监督检查员等。原料控制包括原料进货、验收、储存等环节的控制与管理。流程控制是指每一个品种（大类）都要控制每一道环节的操作规范和质量标准。设立质量监督检查员主要负责监督检查流程中的产品质量。

（2）在关键环节的重要位置设置质量控制点。

（3）利用现代化的科学管理手段对质量加以严格控制，包括建立标准化的产品规格档案、制定每一个品种（大类）量化的操作规范，以及利用现代化信息管理系统建立产品质量信息反馈制度。

3. 质量分析

质量分析就是对产品的质量水平从影响的各方面进行评价与判断，找出影响产品质量的主要因素，提出改进建议和措施，并指导有效实施的工作过程。

（1）质量稳定性分析。产品质量分布是否在合理的范围内呈现正态分布，是判别产品质量稳定性的依据。

（2）顾客满意度分析。顾客满意度的构成要素包括直接要素（商品和服务）和间接要素（企业形象）。顾客不满意只能给企业带来不良的后果，甚至威胁到企业的生存。

三、技术管理

1. 制作工艺技术管理

制作工艺技术管理包括对本部门的工艺规程、操作流程、产品规格等方面的管理，对新工艺、新技术的引进及推广运用，以及对新产品的研发等。

制定的工艺规程、操作流程、产品规格等都要在本部门有效地贯彻实施，要有监督实施的措施和方法。

2. 技术资料管理

技术资料包括技术文本（产品规格、工艺流程、操作规程、产品标准等），技术档案（制定记录、修改记录、产品获奖情况等），以及市场调查分析材料、新产品研发资料等，必须分类归档保管。

3. 技术人员管理

为操作人员及技术人员制定岗位职责，进行技术分析和培训等，有助于提高技术人员的水平。

（1）建立专业技术人员资料信息文本，包括职业技术等级情况、技术特长、获奖情况等。

（2）组织技术交流、参加比赛和技术培训，提高技术人员的整体水平。

（3）建立奖罚分明的技术人员考核制度和提高绩效的激励机制。

四、设备管理

1. 设备的购置原则

（1）有与产品相对应的使用效果。

（2）有与产品流程配套结合的必要性。

（3）有解放劳动力的方便性能。

（4）具备科学性、先进性，能提高生产效率和产品质量。

2. 设备布局原则

（1）满足操作工艺流程的需要。

（2）大型设备尽量靠墙壁安装，设备旁边应留有一定空间。

（3）电气设备应接地线，电线不能从燃气灶、烤炉上方通过。

（4）烤炉、冰箱等必须要布置在通风、空气流通处。

3. 注重新技术、新设备的引进和管理

（1）在市场需求预测、产品销售测算、经济效益预测等基础上引进新设备，进一步提高劳动生产率和产品质量稳定性。

（2）引进的新技术和新设备必须组织操作人员学习，使操作人员熟练掌握其使用方法。

模块五 西式面点主要原料

学习目标

了解巧克力的来源和主要成分。
了解调味酒、果蓉及相关原料的主要性能。

一、巧克力

巧克力从 15 世纪开始在欧美国家流行，当时只供少数贵族阶层享用。从 19 世纪末期到现在，巧克力已发展成为日常食文化中一个不可缺少的部分，成为一种大众食品，受广大消费者喜爱。在我国，巧克力也渐渐从昂贵的馈赠礼品转变为各消费层次、各年龄段都能接受的食品。

1. 巧克力的成分

巧克力采用可可树果实的种子（可可豆）制成。可可豆发酵、干燥、烘焙、去除外皮、胚芽碾碎后得到的固态部分便是可可膏，从可可膏中萃取的油脂称为可可脂。巧克力成分通常用可可脂含量来表示，常规来说可可脂含量高的巧克力较好。

巧克力的主要成分为可可粉、可可脂、糖、大豆卵磷脂（作为乳化剂和稳定剂），在白巧克力、牛奶巧克力中还含有奶粉。

生产巧克力时，将可可粉、糖、可可脂、天然香料或香兰素、大豆卵磷脂等混合，如需要还可以加入乳制品，精磨 12 ~ 48 h 达到精细、光滑、细腻的要求。

2. 巧克力的种类（见表 1-5-1）

表 1-5-1　巧克力的种类

名称	图片	性能	用途
黑巧克力		一般按可可脂含量不同分类。制作西式面点用的黑巧克力可可脂含量在 55% ～ 75%	在西式面点制作中用途广泛，包括各类蛋糕、点心的装饰，以及蛋糕坯、巧克力面包、巧克力饼干等
牛奶巧克力		优质的牛奶巧克力是可可脂与牛奶最佳组合的产品。与黑巧克力相比，牛奶巧克力的风味有其独特之处，可可脂成分较少，可可脂含量在 35% 左右	可以用来制作装饰蛋糕、夹心馅料、表面涂层等
白巧克力		熔点较低。与牛奶巧克力所含成分相差不大，只是不含可可粉，可可脂含量略低，可可脂含量在 20% ～ 30%	可以用来制作装饰蛋糕、夹心馅料等

3. 代可可脂巧克力

代可可脂巧克力是指用棕榈油等植物类油脂或其他代可可脂物质来代替可可脂而制得的一种巧克力，其熔点较高（38 ℃左右），高于人体温度 37 ℃，因此含在口中没有一种入口即化的感觉。

代可可脂巧克力的主要成分包括可可粉、糖、香料和稳定剂。

4. 可可制品（见表 1-5-2）

表 1-5-2 可可制品

名称	图片	说明	用途
可可粉		可可豆经发酵、粗碎、去皮等工序得到的可可豆碎片称可可饼，由可可饼脱脂粉碎之后的粉状物即为可可粉	主要用于制作巧克力、冰激凌、糖果、糕点及其他含可可食品
可可脂		可可脂是可可豆中的脂肪，是巧克力中的凝固剂，其熔点一般为 28 ℃，常温下呈固态	主要用于巧克力制作中，用来稀释较浓、较干燥的巧克力制品
烘焙巧克力制品		经过加工后用部分熔点较高的油脂代替可可脂制成的巧克力制品，有熔点高、较易凝固的优点	可用于巧克力蛋糕、饼干和面包的制作中
可可膏（可可液块）		以可可豆为原料，经过清理、筛选、焙炒、脱壳、碱化（也可不碱化）、精细研磨成的酱体称可可膏，也称可可液块、可可料或苦料	黑巧克力、牛奶巧克力等的基本原料，也可用于制作巧克力蛋糕

二、调味酒

调味酒（见表 1-5-3）是一种含有酒精的可饮用液体，在西式面点中加入少许调味酒，可以丰富产品的味觉感受，增添层次感。西式面点制作中常用的调味酒以水果酒为主。

表 1-5-3　调味酒

名称	图片	说明	用途
朗姆酒		以甘蔗汁等为原料，经发酵、蒸馏、陈酿、勾兑而成的蒸馏酒，酒精度在 40% 左右	可以浸泡干果，也可以加入面糊、慕斯蛋糕或冰激凌中
白兰地		由葡萄发酵蒸馏而成，酒精度在 40% 左右	可刷在蛋糕坯上，也可加入慕斯、冰激凌中
水果白兰地		由葡萄以外的水果发酵蒸馏而成，酒精度在 40% 左右	用于搭配相应水果种类的蛋糕、甜点馅心、慕斯、淋面等
利口酒		由烈酒加上树皮、香草等一起蒸馏、浸渍或熬煮而成，酒精度在 16% 以上	口感微甜，常用于各类蛋糕中
红酒		由葡萄发酵蒸馏而成，酒精度在 15% 左右	适用于果酱、面包、冰激凌等

三、果蓉

果蓉（见图 1-5-1）是将新鲜成熟的水果清洗干净、去皮、去核，压榨成泥状后加入一定比例的糖、柠檬（或酸度调节剂），用高于 100 ℃的温度熬煮而成的凝胶物质。它不仅保留了水果原来的风味、色泽和质感，而且具有使用方便、保存期长的特点。

图 1-5-1　果蓉

1. 用途

果蓉可用于制作各类慕斯、甜点的馅料，也是制作水果软糖的常用原料。

2. 储存

果蓉适宜存放于 -18 ℃的冰箱中冷冻。未使用完的果蓉可置于冰箱中冷藏，但不可长期存放，应尽快使用。

四、糖

糖的种类很多，除了常用的白砂糖、糖粉、蜂蜜、麦芽糖外还有以下糖类应用于西式面点中，见表 1-5-4。

表 1-5-4　糖类

名称	图片	说明	用途
艾素糖		又称异麦芽酮糖醇、氢化帕拉糖，是一种优良的蔗糖替代品	具有高稳定性，在较强的酸、碱条件下也不水解，在很高温度下也不焦化，熬煮后延伸和柔韧性强，是制作糖艺制品的理想原料

续表

名称	图片	说明	用途
转化糖浆		蔗糖转化为葡萄糖与果糖的混合液称为转化糖，含有转化糖的水溶液称为转化糖浆	可长时间保存而不结晶，可以代替砂糖用于各类饼干、蛋糕的制作
淀粉糖浆		又称葡萄糖浆，由淀粉加酸水解制成，主要成分是葡萄糖、麦芽糖	具有着色和抗砂糖返砂的作用，还具有还原性，经常用于软糖、冰激凌、蛋糕、面包的制作
全蔗糖糖浆		又称液体白砂糖，经过脱色、净化、纯化、杀菌、浓缩等工艺制成，成分为 100% 蔗糖	可用于蛋糕、甜品、软质欧式面包、咖啡、饮品的制作

五、香辛料

西式面点制作时使用的香辛料（见表 1-5-5）种类很多，不仅可以利用其特殊的香辛味赋予制品美好的风味，而且还能装饰和美化制品。

表 1-5-5　香辛料

名称	图片	说明
香草荚		原产于南美，能使食物的味道变得更为甜美，有“香料皇后”的美誉，是西式面点制作理想的调味香料之一，能大量应用于各类蛋糕、饼干、冰激凌中
肉桂		多数产于斯里兰卡，被广泛使用，其味道甜美，可用于巧克力、面包、布丁、薄饼、蜜饯、酸奶、糖果、果汁等的调味

续表

名称	图片	说明
丁香		一种桃金娘科植物结出的干花苞，其气味浓郁，可用于水果蜜饯、蛋糕、面包的制作
豆蔻		生长在热带，磨碎后可加在热巧克力饮品和餐后甜点中，也可为奶冻、冰激凌和煮熟的腌渍水果增加特殊风味

模块六　西式面点制作常用器具

学习目标

了解巧克力制作常用设备和工器具的种类和使用方法。

了解翻糖制作常用工器具的种类和使用方法。

一、巧克力制作常用设备（见表 1–6–1）

表 1–6–1　巧克力制作常用设备

名称	图片	说明	用途
巧克力融化炉		可根据不同巧克力设置适宜的温度，具有操作便捷的特点	将巧克力融化到所需温度
巧克力喷枪		具有上色快、色彩逼真的特点，可以喷出过渡色的效果	巧克力喷色工具，将调色的可可脂喷于巧克力制品或各种模具表面
巧克力刮削机		具有效率高、刮削厚薄均匀等特点	将巧克力加工成需要的碎屑形状

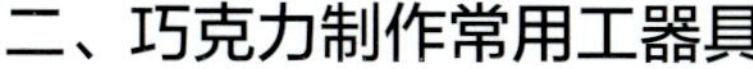

二、巧克力制作常用工器具

1. 巧克力模具

（1）巧克力模具的种类。巧克力模具可分为巧克力压模和巧克力糖模，见表 1-6-2。巧克力压模材质有塑料、铝、不锈钢等，不锈钢的压模还可在其他西式面点烘焙中使用。巧克力糖模常用来制作巧克力糖果，图形多样，常用的除了圆形外，还有方形、心形、花形、各种动物形状等。巧克力模具选购时以没有异味、不易碎、表面光滑的硬质材料为佳，这样的模具易于巧克力脱模。

表 1-6-2 巧克力模具的种类

类型	名称	图片	用途
巧克力压模	塑料巧克力压模		用于制作巧克力和其他西式面点产品
	铝制巧克力压模		
	不锈钢巧克力压模		
巧克力糖模	硅胶巧克力糖模		用于制作巧克力糖果
	硬质塑料巧克力糖模		

（2）巧克力模具的使用方法

1）在使用前，巧克力模具需要清洗干净并彻底晾干。

2）在倒入巧克力之前，巧克力模具需入冰箱冷冻片刻。

2. 其他巧克力制作工具（见表 1-6-3）

表 1-6-3　其他巧克力制作工具

名称	图片	用途
巧克力调温铲		可以用于巧克力的桌面调温，还能用于填馅、和面、抹平各种面点表面等
不锈钢巧克力刨削刀		将大块的巧克力或乳酪表面刨削出细屑
巧克力专用叉具	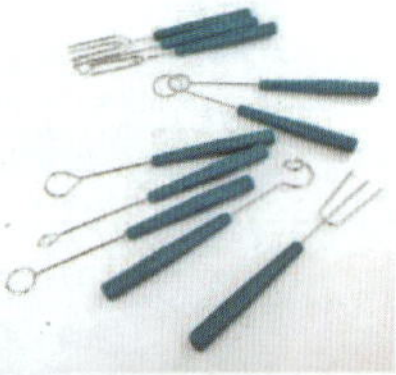	用于加工手工巧克力，在其表面裹上巧克力或用其装饰
巧克力刮刀	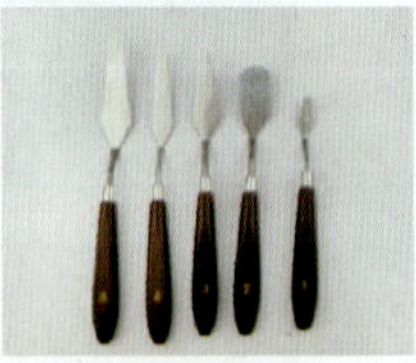	可以为巧克力及蛋糕表面修整局部造型
红外线温度计	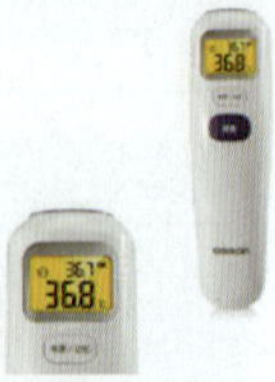	巧克力调温或其他西式面点制作中测量温度时使用

三、翻糖制作常用工器具（见表 1-6-4）

表 1-6-4 翻糖制作常用工器具

名称	图片	用途
凹形定型海绵		制作翻糖花瓣、叶片时的定型工具，将单个花瓣放在中间弧形部分，根据需要的弧度压制
防粘垫		耐高温硅胶布，铺在桌面上起防止粘连的作用
海绵垫		制作花卉的重要工具，将花瓣放在海绵垫表面，利用球形整形棒在边缘滚压，可以使花瓣变薄，形成自然的皱褶
花瓣防干板		分为两面，底部是硬质的塑料板，表面是一张不透气的软质塑料薄膜，能保持花瓣的湿润度
整形棒		利用不同形状的头部来制作各种卡通动物或人物造型，也可压出各种花瓣的纹路

续表

名称	图片	用途
毛刷		根据需要选择合适大小和型号的毛刷，可以勾勒产品的细节，还可以用来为产品表面着色
压模		有硅胶和硬质塑料两种材质，可根据需要选择式样，用于压制产品表面需要的纹理，也可用于将擀制好的翻糖面片切割成需要的形状
抹平器		又称压平器，蛋糕完成包面后要用抹平器将表面及侧面的皱褶抹平，使蛋糕表面光洁
擀面杖		翻糖蛋糕制作中使用的擀面杖一般为不粘材质，并配有垫圈，可将翻糖面团擀制成需要的大小和厚度

模块七　西式面点成本核算

学习目标

掌握标准原料费、劳动生产率的概念及计算方法。

掌握原料费、人工费的合理分配。

掌握宴会的成本核算方法。

一、标准原料费、劳动生产率的计算

1. 标准原料费的计算

（1）标准原料费的确定

1）标准原料费与出材率、食品标准用料量有关。

2）确定标准原料费是成本管理与控制的基础。要计算标准原料费，首先应确定原料的质量标准及数量标准。数量标准也就是原料的重量等计量标准。

3）标准原料费应能精确反映西式面点成本，因此要考虑原料加工的方法及加工程序中的一系列问题。

（2）标准原料费的计算。标准原料费的计算应在单位西点标准质量的基础上进行，即采用单一原料成本的计算方法。

2. 劳动生产率的计算

（1）全员劳动生产率 = 产值 / 全部职工人数。

（2）生产工人劳动生产率 = 产值 / 生产工人人数。

二、原料费、人工费的合理分配

1. 原料费的合理分配

标准原料费与原料质量、数量、价格、出材率都有很大的关系。在企业管理中，

原料费的控制是一项很重要的管理工作。

（1）原料采购控制。从采购的源头上控制原料的成本，按生产需要采购原料；对原料的质量及价格要多做比较，同等质量的原料选择价格较低的，同样价格的原料选择质量较好的。

（2）原料验收控制。原料入库时要验收质量、数量，核对价格，并做好记录。

（3）原料储藏控制。原料入库后，为保证其质量，避免因储存不当而导致原料变质，必须根据不同原料对保存温度、湿度及保存时间的不同要求加以控制。

（4）原料加工中的控制。初加工过程中的损耗率、生产过程中原料的利用率、成熟后的出品率等都是影响标准原料费的重要因素。要在加工过程中提高原料的出材率，就要按标准配方投料，不出次品。引进新工艺、标准化生产、提高工艺的科技含量等措施也有利于充分利用原料，在控制成本的基础上确保经济效益。

2. 人工费的合理分配

（1）按计划工作量分配人员。

（2）按运行设备情况分配人员。

（3）按岗位需要分配人员。

（4）以合理的比例分配各类人员。

三、宴会的成本核算

1. 宴会的基本给定条件

宴会的成本核算首先要掌握宴会对象、人数、消费标准等基本给定条件。

2. 计算宴会整体数据

宴会整体数据包括宴会的销售价、原料的总成本等。根据宴会的单位标准和宾客人数就能进一步计算整体数据。宴会销售价及原料的总成本计算公式如下：

$$宴会销售价 = 单位标准 \times 宾客人数$$

$$原料总成本 = 宴会销售价 \times（1- 销售毛利率）$$

模块八 西式面点质量分析与鉴定

学习目标

掌握蛋糕质量分析与鉴定的方法。
掌握面包质量分析与鉴定的方法。
掌握清酥类制品质量分析与鉴定的方法。
掌握混酥类制品质量分析与鉴定的方法。
掌握泡芙质量分析与鉴定的方法。
掌握蛋白饼质量分析与鉴定的方法。

一、蛋糕质量分析与鉴定

1. 基本评价

（1）形态：端正、平整、饱满，表面无凹陷，顶面无突起。

（2）色泽：表面呈淡棕黄色，内部呈嫩黄色，色泽均匀一致。

（3）组织：膨松，气孔均匀，富有弹性，无粘连。

（4）口味：松软可口，不粘牙，甜度适中。

（5）卫生：无杂质，无污染，无异味。

2. 问题的原因分析与解决方法

蛋糕制作中存在各种问题的原因分析和解决方法见表 1-8-1。

表 1-8-1 问题的原因分析和解决方法

问题	原因分析	解决方法
表面色泽过深	配方中糖过多	适当减少配方中的用糖量
	配方中水分少	适当增加配方中的水
	烘烤时上火温度过高	调节上火温度和下火温度，适当降低上火温度
体积膨胀不够	面粉的比例过大或面粉筋力偏高	调整配方中蛋液或面粉的比例
	蛋液的比例失调或蛋液的温度偏低	按不同季节调节蛋液的温度，但必须在 50 ℃以下
	搅拌不足或搅拌时间过长	准确控制搅拌时间，搅拌时间不足将影响体积膨胀，搅拌时间过长将导致过度膨胀
	疏松剂用量不足	一般不用加疏松剂，但可以根据蛋液和面粉配比的需要适当增加疏松剂的用量
	油脂的可塑性或融合性不佳	制作油蛋糕应选用可塑性和融合性好的油脂
	烘烤温度过高或过低	按照蛋糕大小相应调整烤炉的烘烤温度和时间
蛋糕在烘烤过程中塌陷	配方比例不当，总液量大	调整配方中面粉、蛋液、水、油之间的比例，适当减少液体用量
	蛋液搅拌时间过长	控制好蛋液搅拌时间
	烘烤温度和时间不足，蛋糕面糊未完全成熟；烘烤温度过高，外表色泽深但内部未完全成熟	根据蛋糕大小、厚薄设定烘烤温度和时间。水、油比例略高的蛋糕糊烘烤温度略低、时间偏长，但不宜过长，避免水分收干导致蛋糕收缩
蛋糕顶面突起开裂	面粉筋力太高、气体膨胀不均匀	选用低筋粉或中筋粉，添加适量玉米淀粉以降低面粉筋力
	添加面粉后的蛋糕糊搅拌时间过长，蛋糕内质坚韧	准确控制搅拌时间，尤其是在面粉加入后应减少搅拌时间
	烘烤温度太高，表皮形成过早	根据品种要求适当调整烘烤温度和时间，尤其是上火温度

续表

问题	原因分析	解决方法
蛋糕表面有斑点	糖的颗粒粗，烤后蛋糕表面有糖粒的斑点	选用细砂糖搅打蛋液
内部组织粗糙，质地不均匀	搅拌不当造成原料混合不均匀或搅拌时间过长造成蛋糕成品过松	准确掌握搅拌程序和搅拌时间，特别是分蛋法中蛋清的搅打不宜过硬，搅打至软性发泡即可
	化学疏松剂用量过多，内质气孔不均匀	根据面粉筋力、面粉与蛋液的比例准确使用化学疏松剂

二、面包质量分析与鉴定

1. 基本评价

（1）形态：端正、饱满、大小一致，无塌陷；酥性面包层次要清晰。

（2）色泽：表面呈金黄色，色泽均匀一致，无焦黑。

（3）质感：蓬松，气孔均匀，富有弹性。

（4）口味：松软可口，不粘牙，甜咸适中。

（5）卫生：无杂质，无污染，无异味。

2. 问题的原因分析与解决方法

面包制作中存在各种问题的原因分析和解决方法见表 1–8–2。

表 1–8–2 问题的原因分析和解决方法

问题	原因分析	解决方法
面包体积过小	酵母用量不足或酵母存放时间过长而失去活力	选用优质酵母和准确的使用量，不能使用存放时间过长的酵母
	面粉筋力低，持气性差	选择高筋优质的面粉，可以用手试法测试面粉的新鲜度和含水量

续表

问题	原因分析	解决方法
面包体积过小	未准确掌握搅拌时间：搅拌时间不足，面筋没有充分扩展，未形成面筋网络，持气性差；搅拌过度，破坏了面筋网络结构，持气性差而且内质粗糙	准确控制面团的搅拌时间，使面筋充分扩展而具有较好的弹性、延伸性，面团柔软光洁
	盐的用量过多或不足。适量的盐能助酵，用量过多或不足都会影响酵母的发酵能力	控制盐的用量
	改良剂添加量不足	按照配方合理添加改良剂
	最后醒发温度过低或时间不够	控制面包的最后醒发温度、湿度和时间。最后醒发温度控制在 35 ℃左右、相对湿度控制在 75% ~ 80%。根据面包体积和搅打方法确定最后醒发时间，二次发酵法比一次发酵法的时间要少。一般面包醒发至原体积的 2 倍左右、吐司醒发至模具八成左右需要的时间为 30 ~ 60 min。温度低、时间短会使面包表面干、膨胀不充分、体积小
面包内部组织粗糙	面粉的筋力太低	选用优质的高筋粉
	油脂用量过低	油脂能调节面团的润滑度，一般在面团中加入 4% ~ 8% 的油脂
	搅拌时间过长、速度过快导致面团发酵过度	控制搅拌时间和搅拌速度，以面筋充分形成、充分扩展为度，以中速搅拌为宜，速度太快会使面团在搅打中发热而成熟过快，导致面包内质粗糙
	发酵时间过长导致面团发酵过度	准确控制面团发酵时间，面团发酵时间过长会使面团发酵过度，导致面包形差、塌陷且内质粗糙
	最后醒发时间过长、温度过高导致面团发酵过度	准确控制最后醒发温度与时间

续表

问题	原因分析	解决方法
面包表皮颜色过深	搅拌时间不足	准确控制搅拌时间，时间不足面坯未搅透，因发酵不足而造成面包烘烤后表皮色深
	甜面包的用糖量过多	调整用糖量
	烘烤温度过高，特别是烘烤时上火温度过高	根据不同面包的品种要求，调整烘烤温度。含糖量较高或表面有含糖量较高辅料的面包更应调整烘烤时的上火温度
	烤炉内水分不足	第一炉面包烘烤前可喷些蒸汽或放一盆热水于烤炉内以增加烤炉内的湿度
面包表皮过厚	糖、奶、油脂的用量太少	根据面包的品种要求适当增加糖、奶、油脂的用量，使面团有一定的润滑度
	基本发酵时间过长，导致面团发酵过度，烘烤后有成品塌陷、表皮过厚的现象。基本发酵时间是指搅打面团至成形的一段时间，即在最后醒发前整个操作过程所需要的时间	准确掌握基本发酵时间，使面团达到基本发酵的最有利状态
	最后醒发不足或湿度过低，造成表皮干燥、结皮	调整和控制最后醒发的温度和湿度，防止表面结皮，使面坯能均匀膨胀
	面包入炉时烤炉温度过低	调整烤炉温度，预热以保证面坯入炉时达到所需的烤炉温度
面包在入炉前或入炉初期下陷	面粉筋力太低，持气性较差	选用优质的高筋粉
	酵母用量过多使面团过度膨松	酵母用量必须根据面团温度和发酵时间及时调整。二次发酵法可适当降低酵母的用量
	盐的用量过少、过多或改良剂用量太少导致面筋形成的效果差	盐和改良剂的用量可根据需求适当增加
	搅拌时间太长会破坏面筋网络结构，面团温度过高会使面团发酵过度，这些都将使成品塌陷、内质粗糙	适当减少面团的搅拌时间，以面筋形成为宜

续表

问题	原因分析	解决方法
面包在入炉前或入炉初期下陷	最后醒发时间过长，发酵过度	调整最后醒发时间，一般面团醒发至八成左右即可，醒发温度为 35 ℃左右
	醒发后的面团过多移动或装饰时抖动太大	移动或装饰面包面团时动作要轻
	烘烤温度过高、时间不足	准确控制烘烤温度与时间，大或厚的面团需要的烘烤温度偏低、时间稍长
面包口味不佳	原料不佳	选用品质好的新鲜原料
	发酵时间不足或过长	准确控制发酵时间，发酵过度会产生酸味，发酵不足则无香味
	醒发过度	控制醒发程度，一般面团醒发后体积为发酵前 2 倍左右为佳
	工器具不清洁	保持工器具的清洁卫生
	面包变质	注意面包储藏温度及存放时间

三、清酥类制品质量分析与鉴定

1. 基本评价

（1）形态：端正、大小一致、层次清晰。

（2）色泽：表面金黄色，色泽均匀一致，无焦黑。

（3）质感：疏松，无粘连片。

（4）口味：松、酥，甜咸适中，不粘牙。

（5）卫生：无杂质，无污染，无异味。

2. 问题的原因分析与解决方法

清酥类制品制作中存在各种问题的原因分析和解决方法见表 1-8-3。

表 1-8-3 问题的原因分析和解决方法

问题	原因分析	解决方法
形态不端正	油脂和面团软硬度不一致，造成油脂分布不均匀，烘烤受热后成品膨胀不均匀	冷水面团与油脂的软硬度调一致
	擀制时双手用力不均匀，导致面坯厚薄不均匀	擀制面坯时用力要均匀。使用酥皮机能确保面坯厚薄均匀，而且酥皮机使用方便、省时省力
	折叠不当，每次折叠没有对齐并留有太大的空间，在重复折叠过程中产生膨胀不均匀的层次	折叠时油脂与面坯的厚薄必须一致并折叠整齐，尤其在折叠的对接处不能留有太大的空间
	成形过程中由于模具或刀具切割使用方法不当，造成面坯厚薄不均匀或大小不等的现象，导致成品烘烤受热后膨胀不均匀	按压模具切割成形时用力均匀，刀具切割时掌握好下刀间距
层次不清晰，出油，膨胀不好	油脂的可塑性差或用量小导致膨胀不足	选用熔点高、可塑性好的油脂，用量为面粉用量的 60% ~ 100%，常用量为 80% 左右
	折叠次数少造成厚油层，导致成品烘烤时发生严重的油脂外溢	折叠次数不宜太多或太少，三折法或四折法都可以，必须有三四次的重复交叉折叠
	成形工具不锋利	成形时选用较锋利的模具、刀具，主要目的是不破坏层次的清晰度
	烤炉内温度太低或在成品膨胀定型未稳定前随意打开炉门，都易造成膨胀温度不足，导致成品油脂外溢和膨胀差的缺陷	准确控制烘烤温度，高温入炉（210 ~ 230 ℃），膨胀定型稳定后下降 10 ~ 15 ℃，延长一些烘烤时间，使其完全成熟、无粘连片。在烘烤过程中（制品还未完全定型前）不可随意打开炉门，防止跑气而影响膨胀

续表

问题	原因分析	解决方法
成品收缩	油脂选用不当	选用质量好、含水量较低的油脂或现成的酥皮油脂
	冷水面团中盐的用量过多	减少冷水面团中的用盐量，一般为面粉用量的0.4% 左右
	每次擀叠过程中面团未完全松弛	搅打好的冷水面团必须完全松弛后再进行擀叠操作。每两次擀叠的中间要松弛，使下一次面团擀叠时容易操作，不因面团收缩、操作困难而发生层次破裂、油脂外露、影响成品膨胀的现象
	烘烤前松弛不足	烘烤前的成品刷蛋后要先松弛 10 ~ 15 min 再入炉烘烤

四、混酥类制品质量分析与鉴定

1. 基本评价

（1）形态：端正、厚薄均匀、大小一致。

（2）色泽：表面呈淡棕褐色，色泽均匀，无焦黑。巧克力装饰面应光亮、干燥。

（3）质感：疏松，气孔均匀。

（4）口味：松、酥，甜咸适中。

（5）卫生：无杂质，无污染，无异味。

2. 问题的原因分析与解决方法

混酥类制品制作中存在各种问题的原因分析和解决方法见表 1-8-4。

表 1-8-4　问题的原因分析和解决方法

问题	原因分析	解决方法
酥松性差	面粉的筋力太高，达不到成品酥松的要求	选用低筋粉或中筋粉

续表

问题	原因分析	解决方法
酥松性差	油脂、糖、蛋用量少	准确控制油脂、糖、蛋和面粉的比例。一般常规配比为：面粉：油脂：糖：蛋=1.0 ：0.5 ：0.5 ：0.2。增加或减少其中一项原料，必须相应增加或减少其他原料
	化学疏松剂使用量不足	如果混酥类制品配方中油脂、蛋用量比例较少，则可根据需要按面粉用量的0.4% ~ 1.0%添加化学疏松剂
	糖粒粗	混酥类制品的疏松原因之一是糖的易溶性，因此必须选用易溶的细砂糖或糖粉
	面团搅拌过度	面团过度搅拌产生的筋力会降低成品疏松性，尤其是面粉投入后不宜用较快速度或较长时间搅拌，慢速或中速短时搅拌均匀即可
制品的颜色过浅	糖量少	适当增加糖量
	烤炉温度低，烘烤时间不足	准确设置烘烤温度与烘烤时间
成品易散落，形状不完整	配方中油脂用量过多	控制好油脂用量，增加油脂用量必须减少糖、蛋相应比例的用量，达到疏松作用的相互平衡，避免油脂过多导致成品塌陷
	油脂的选用不合理	选用熔点略高、可塑性好的油脂，不宜使用起酥性强的油脂
	油脂与糖的搅拌时间过长导致面团过度膨松	油脂与糖的搅拌时间不宜过长，稍泛白即可，过度膨松会使成品成形差而不端正

五、泡芙质量分析与鉴定

1. 基本评价

（1）形态：端正、底小、蘑菇状、大小一致、不塌陷凹底。

（2）色泽：表面呈棕褐色，色泽均匀，无焦黑。

（3）质感：外壳松脆，内馅软。

（4）口味：松、脆、馅软、甜度适中。

（5）卫生：无杂质，无污染，无异味。

2. 问题的原因分析及解决方法

泡芙制作中存在各种问题的原因分析和解决方法见表 1–8–5。

表 1–8–5　问题的原因分析和解决方法

问题	原因分析	解决方法
膨胀不好	面团未烫透	面团必须烫熟烫透使水分蒸发。烫面团时锅底有薄薄一层白糊即可
	蛋液用量少	准确增加蛋液量，逐次加入蛋液。每次加入后必须搅透，直至面糊自然下垂
	烘烤温度太低或烘烤时间不足	准确设定烘烤温度，一般为 210 ~ 220 ℃，膨胀定型后下降 10 ~ 15 ℃烘烤制品至充分成熟后出炉。如果烘烤时间不足，泡芙出炉冷却后会塌陷而且絮状物多，甚至蛋液还会因温度问题产生硫化氢，使成品出现淡绿色。烘烤温度太低，泡芙外壳厚而体积小
	烘烤过程中多次打开炉门	烘烤过程中，制品未完全膨胀定型前不可随意打开炉门，防止跑气而影响膨胀
表面颜色太深或太浅	烘烤温度过高或过低，烘烤时间过长或过短	准确控制烘烤温度和烘烤时间
表面裂纹过多或没有裂纹	配方中总液量太多会使泡芙表面无裂纹、底部内凹、形态差且塌陷；配方中总液量过少，泡芙表面裂纹太多且无规则、体积小、底部突出	根据需要调整配方中的总液量，面糊要烫透，并要控制好用蛋量

六、蛋白饼质量分析与鉴定

1. 基本评价

（1）形态：端正、大小一致、纹路清晰。

（2）色泽：表面呈洁白色。

（3）质感：内部组织松脆，不粘牙。

（4）口味：甜、脆、酥、香。

（5）卫生：内外无杂质或病菌。

2. 问题的原因分析及解决方法

蛋白饼制作中存在各种问题的原因分析和解决方法见表 1-8-6。

表 1-8-6 问题的原因分析和解决方法

问题	原因分析	解决方法
表面发黄，内部发黏	烤炉温度过高	降低烤炉温度，温度一般控制在 90 ℃
	配方不合理	糖与蛋清的比例一般为 2 ∶ 1 左右
	操作方法不当	注意加糖时间，熬糖稀的温度一般控制在 118 ℃
色泽不佳	搅打蛋清的容器不清洁	放置蛋清的容器应干净无油腻
口味太甜	配方中糖的比例过量	减少糖的用量
形态不美	搅打过度或不足	将蛋清搅打成细泡沫状后可加糖，切勿打成棉花状。加糖后要将蛋清打至黏性发泡后方可进行裱挤

第二篇

实务篇

模块一 手工巧克力制作

学习目标

掌握巧克力调温技术。
能够制作手工巧克力、模塑巧克力。
能裱挤制作巧克力装饰片。
能够对巧克力进行切割、推卷和淋面。
能够制作巧克力糖团，并对其进行捏塑。

一、巧克力调温原理

1. 巧克力调温技术

（1）可可脂的双重性能。可可脂融化后不能形成结晶物。可可脂在接近熔点与凝固点的瞬间质地软腻，同时产生具有光泽而又质地酥脆的晶体。品质要求高的西式面点要求巧克力冷却后一定要有理想的光泽和质感。要使巧克力的光泽达到理想状态就必须经过调温，充分发挥可可脂的性能，使巧克力内晶体稳定融合、急速结晶、表面光亮。

（2）巧克力的调温过程。巧克力的熔点较低，品质越高、含可可脂成分越多的巧克力熔点越低。一般用 50 ~ 70 ℃的温水隔水加热，巧克力就能融化，这时巧克力的温度为 35 ℃左右。搅拌均匀的巧克力凝固后既保持了光泽和酥脆的性能，又以具有软腻感的稳定晶体形态呈现出来。

经过调温后，巧克力淋、抹或模塑都有光亮感，而且成形快、脱模完整，巧克力制品有亮丽的光泽。制品表面淋巧克力装饰时，巧克力能在极短时间内凝固并有诱人的光泽。一般糖果表面淋巧克力装饰时，淋到第六个时，第一个已干燥并有光泽。

2. 调制巧克力温度

掌握和控制巧克力调制的温度是制作巧克力制品的关键。

（1）融化温度

1）用双锅融化巧克力时，最好使用恒温装置，水温应控制在 50 ~ 70 ℃（品质好的巧克力只需 50 ℃），超过 70 ℃时巧克力中的油脂容易与可可脂分离，所含糖分会出现结晶，形成细小的颗粒。如果融化巧克力的水温过高，巧克力还会吸收容器周围的水蒸气，使巧克力粗糙，失去光泽，并有白色花斑。

2）用微波炉融化巧克力时，温度不能过高、时间不能太长，以免巧克力所含糖分的晶体析出形成细小颗粒，甚至焦化。

3）不能把巧克力直接放在火上加热融化，否则会因高温使巧克力变性、油脂分离直至焦化。

4）巧克力内所含可可脂的质量与成分不同，巧克力的融化温度也有差异，因此调温前需了解巧克力的具体组成成分。

5）盛装巧克力的容器必须擦干，确保无油无水分。巧克力内的油脂遇水后易发生油脂分离现象，导致巧克力粗糙、无光泽等质量缺陷。

（2）使用温度。调温后，巧克力使用的最佳温度由巧克力的种类而定。一般情况下，黑巧克力的最佳使用温度是 30 ℃，牛奶巧克力、白巧克力的最佳使用温度是 29 ℃。巧克力使用温度太低，则操作不方便，而且产生光泽的晶体体现不完全，表面会出现白色的花纹；巧克力使用温度太高，则凝固结晶的时间慢，表面的巧克力会显示白色条纹且无光亮感。代可可脂巧克力熔点较高，可在 38 ℃时使用。

（3）环境温度。制作巧克力制品时，室内温度最好保持恒温 22 ℃，有利于巧克力制品的制作、自然冷却和凝固后脱模，可使巧克力晶体稳定融合、表面光亮。温度过高，巧克力易融化，不利于制品成形。巧克力制品成形时放于冰箱内急冷而收缩，会出现温度不均匀而导致形态不佳，表面会出现白色的花纹。巧克力成形时一般不需要冷藏和冷冻，只有制作条件不符合操作要求或急于求成时，才会用冰箱。巧克力半成品和成品的储存温度应控制在 15 ~ 18 ℃，相对湿度以 55% ~ 65% 为宜，并应在避光、离水、无异味处储存。巧克力制品必须保存在密封容器中，以免霉变。

二、巧克力调温方法

1. 巧克力基本调温法

巧克力基本调温法也称双煮法、水浴法。

（1）巧克力基本调温法的工艺流程（见图 2-1-1）。用小容器盛装切成碎片的巧克力，用大容器盛放水。大容器中的水温加热（煮）至 50 ~ 70 ℃（品质好的巧克力只需 50 ℃左右）后，把盛有巧克力的小容器放入，用温水传递热量使巧克力完全融化。取出小容器（离水）使其处于 22 ℃室温中，不断搅动其中的巧克力使其成浓稠的巧克力液（牛奶巧克力和白巧克力 29 ℃、黑巧克力 30 ℃）即可使用。调制巧克力的理想室温是 22 ℃，如果室温过高，可将小容器移至盛有冷水的容器中不断搅拌，直到巧克力稍有凝稠（靠近锅边及锅底的巧克力略凝结），再放入温水容器中，等锅边的巧克力一开始融化（凝结物下沉）就立即取出搅动至 29 ℃（牛奶巧克力和白巧克力）或 30 ℃（黑巧克力）的使用温度。

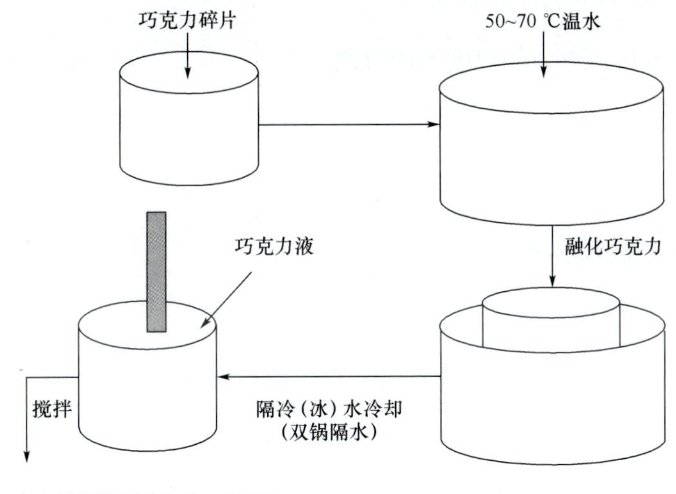

图 2-1-1　巧克力基本调温法的工艺流程

（2）巧克力基本调温法的注意事项

1）注意融化巧克力的温度，水温应控制在 50 ~ 70 ℃。

2）巧克力内所含可可脂的质量与成分不同，巧克力的融化温度也有差异。

2. 巧克力微波炉调温法

微波炉的加热原理是将电能转换成微波，微波从各个角度进入炉腔，使放在里面的食物分子振荡、摩擦而产生热量，食物的内部和外部一起受热。巧克力利用微波炉调温，可以在极短的时间内（1 min 左右）融化并达到所需的使用要求，省时省力。

（1）巧克力微波炉调温法的工艺流程（见图 2–1–2）

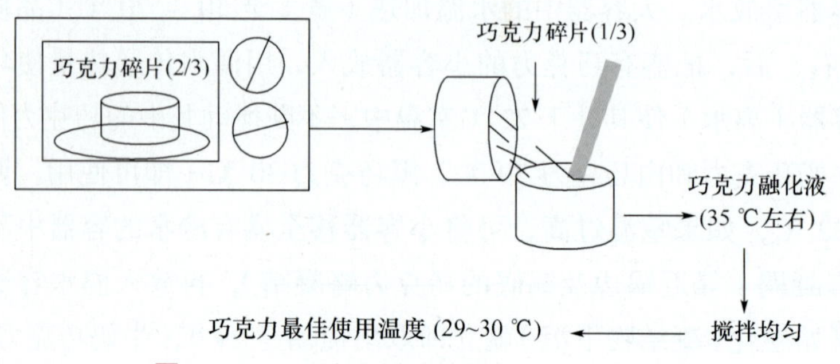

图 2–1–2　巧克力微波炉调温法的工艺流程

（2）微波炉调温法的注意事项

1）微波炉融化巧克力的温度不能过高。

2）微波炉融化巧克力的时间不宜太长，避免巧克力中糖分晶体析出甚至焦化。

三、巧克力糖果制作

1. 手工巧克力糖果

榛子、杏仁、开心果等都可以作为巧克力的果仁原料。

（1）果仁巧克力制作的工艺流程如图 2–1–3 所示。

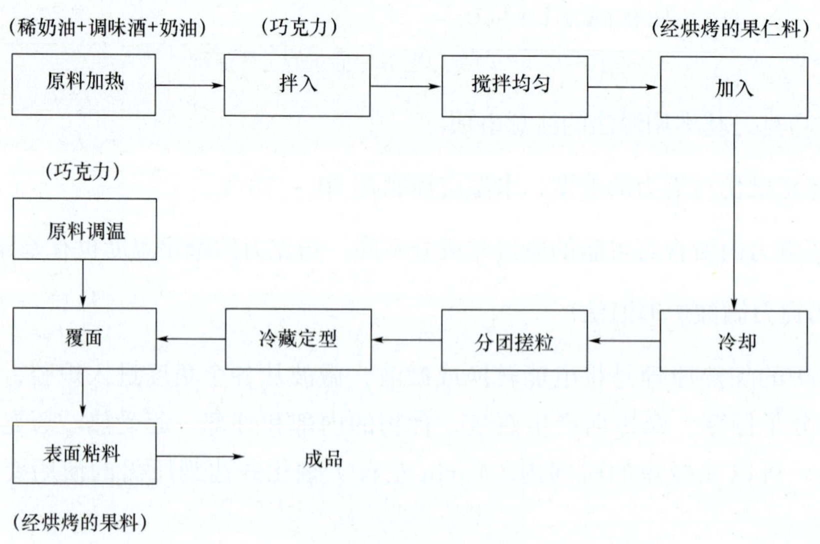

图 2–1–3　果仁巧克力制作的工艺流程

（2）果仁巧克力糖果制作的工艺流程如图 2–1–4 所示。

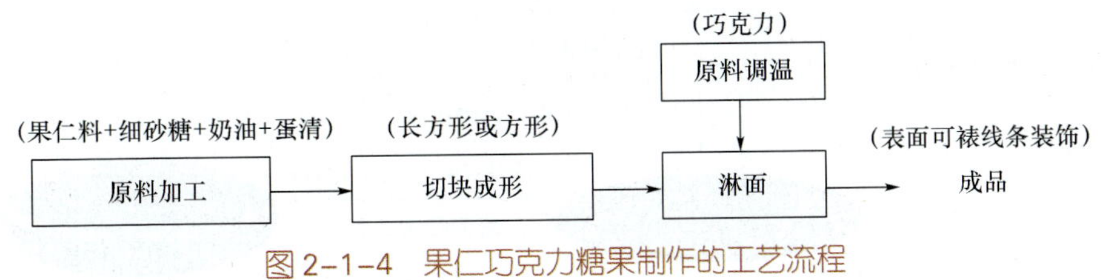

图 2–1–4 果仁巧克力糖果制作的工艺流程

（3）手工巧克力糖果制作注意事项

1）制作巧克力夹心的果仁必须干净、卫生。

2）巧克力必须经过调温，使其达到手工巧克力糖果所需要的色泽与质感要求。

3）调制好的馅心必须放冰箱冷藏定型，变稠以后再进行后续操作。

4）手工巧克力糖果制作完成后应密封包装，避免产生氧化等质量问题。

2. 模塑成形巧克力

（1）模塑成形巧克力的工艺。利用经过调温的巧克力凝固时会收缩这一特性，将调温后的巧克力灌入模具内，模具注满巧克力后需将多余的巧克力刮去，把模具放在油纸或塑胶布上，在室温 22 ℃的环境中自然冷却至巧克力凝固收缩后，即可开启模具取出。

模塑成形巧克力时凝固与脱模的温度很重要，巧克力可以在 22 ℃室温中自然凝固，尽量不放于冰箱内，以免因收缩不均匀而导致形态不佳。

如果制作蛋形巧克力，也可以用刷子将已调温的巧克力均匀地刷于半蛋形模具内壁，要刷 2 ~ 3 次。在室温 22 ℃的环境中自然冷却至巧克力凝固收缩后，即可取出。然后将案板加热，把两个半蛋形巧克力的边缘部分放于上面略加热，待巧克力稍融化就将两个半蛋形巧克力边缘部分黏合成完整的巧克力蛋。接缝处用纸卷装入调温好的巧克力裱花纹装饰，表面可按需要进行装饰。也可用带有图案的蛋形模具制作巧克力蛋，脱模黏合后无须再进行装饰。巧克力蛋的制作过程如图 2–1–5 所示。

（2）模塑巧克力着色

1）模塑巧克力着色的材料。模塑巧克力着色的材料一般有食用色素、食用色粉、可可脂，如果是代可可脂巧克力还可以用食用级棕榈油调制着色的材料。

2）巧克力着色的工艺

①调。将食用色素直接加入调温好的巧克力中搅拌均匀后进行灌模。

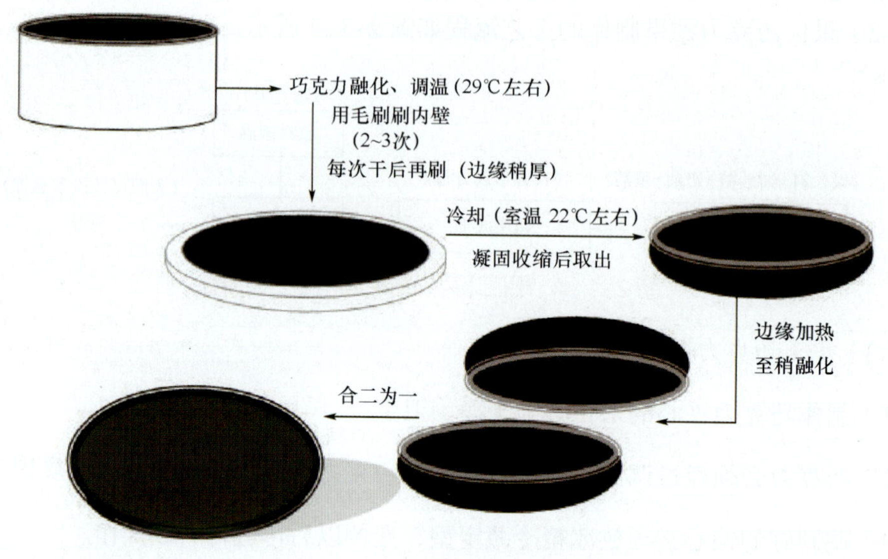

图 2-1-5　巧克力蛋制作过程

②刷。用毛刷将食用色粉或调好颜色的巧克力刷在巧克力模具内。

③喷。用巧克力喷枪将调色后的巧克力喷在巧克力表面。

（3）模塑巧克力的注意事项

1）巧克力必须经过调温，使其达到手工巧克力糖果所需要的色泽与质感要求。

2）必须使用专用的巧克力模具，模具要清洗干净，可以适当涂橄榄油对模具进行保护。

3）掌握并控制好制作过程中的各种温度。

4）操作速度要快，速度是控制巧克力挂壁厚薄的关键因素之一。

5）在去除多余巧克力时，铲刀要保持垂直。

3. 模制夹心巧克力

（1）模制夹心巧克力的方法。模制夹心巧克力就是将调温好的巧克力倒入模具，经过一定的步骤制作成巧克力空心模后再填入夹心，最后利用巧克力封口。模制夹心巧克力要求形状端正整齐。模制夹心巧克力的形状因模具的不同而各异。

（2）巧克力馅心。随着人们生活水平的提高，巧克力馅心的种类也开始增多，除了各种果仁口味以外，还添加了各种调味酒、果酱、果蓉等。其中，最传统最基本的巧克力馅心就是甘那许（ganache），是巧克力和稀奶油按照 1 ∶ 1 的比例调制而成的奶油巧克力酱。

（3）模制夹心巧克力的注意事项

1）巧克力必须经过调温，使其达到手工巧克力糖果所需要的色泽与质感要求。

2）掌握并控制好制作过程中的各种温度。

3）操作速度要快，速度是控制巧克力挂壁厚薄的关键因素之一。

4）在去除多余巧克力时，铲刀要保持垂直。

5）在用巧克力封口时，注意不要露出馅心及边口，以免影响干净度。

四、巧克力装饰技术

1. 巧克力裱挤

（1）巧克力裱挤的工艺。把调温好的巧克力装入纸卷内，在油纸、玻璃纸或塑胶片上挤出花纹或图案，自然冷却凝固后小心地取下，可以用于蛋糕、甜品等的表面装饰。巧克力纸卷裱挤操作要点如图 2–1–6 所示，巧克力装饰片制作方法如图 2–1–7 所示。

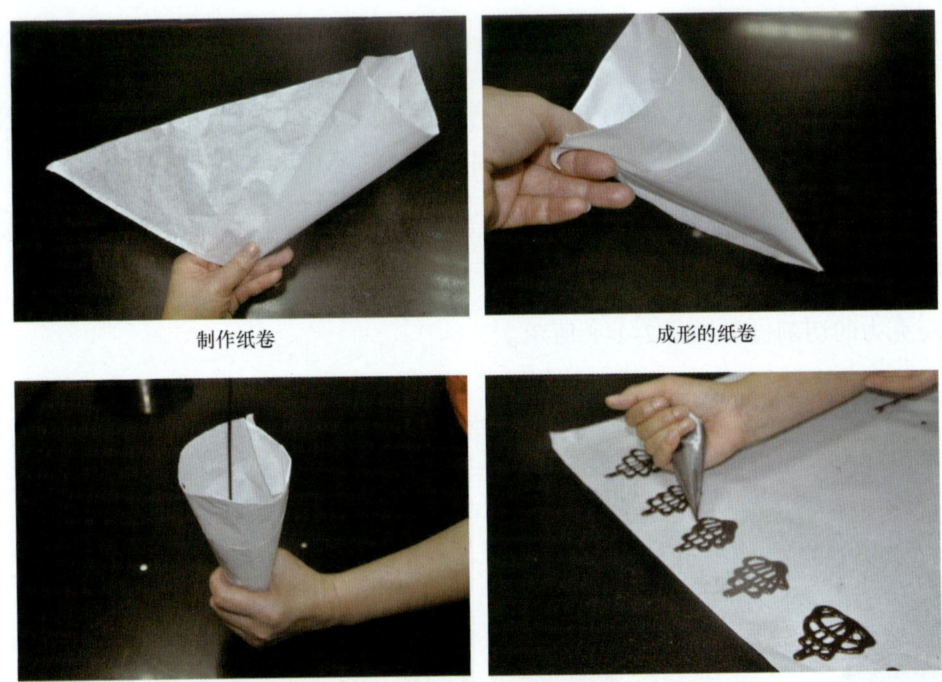

图 2–1–6　巧克力纸卷裱挤操作要点

裱制

转印

拉丝

图 2–1–7　巧克力装饰片制作方法

（2）巧克力裱挤的注意事项

1）必须使用调温好的巧克力。

2）调温好的巧克力不能添加色拉油来增加其光泽，否则会影响凝固度。

3）如需稀释巧克力，可添加适量可可脂进行调和。

4）拿取裱挤好的巧克力花纹或图案时，动作必须小心，以免使其破损。

2. 巧克力切割

（1）巧克力切割的基本要求。调温巧克力必须在接近凝固时进行切割，完全凝固后再从油纸、玻璃纸或塑胶片上铲下待用。

（2）巧克力切割的方法

1）将调温好的巧克力倒在油纸、玻璃纸或塑胶片上，用抹刀抹平，接近凝固时用刀或切割模具切割成各种形状，完全凝固后用薄的刀片小心地铲下待用。

2）可以在巧克力完全凝固前用金粉、转印纸、针形杏仁、椰粉等进行表面装饰，待装饰物与巧克力成一体后再进行切割。

巧克力的切割过程如图 2–1–8 所示。

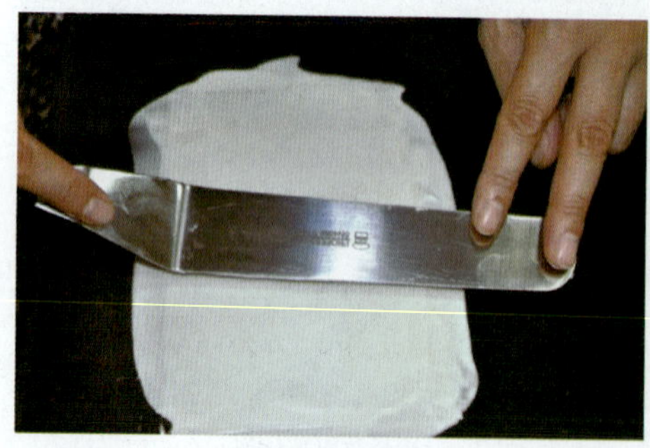
抹平巧克力

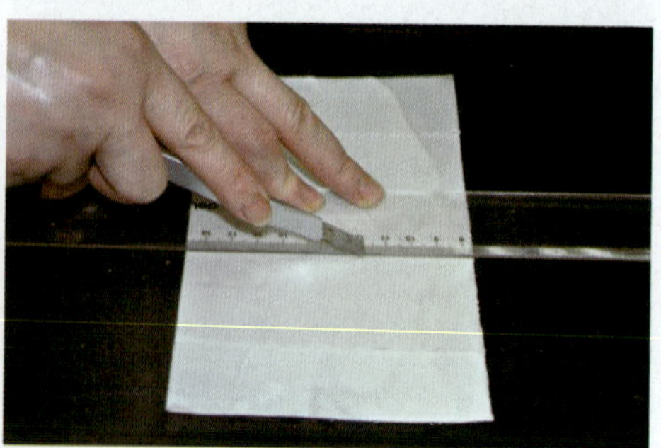
切割成各种形状

图 2–1–8　巧克力的切割过程

（3）巧克力切割的注意事项

1）必须注意制作的环境温度、巧克力的调温温度及使用温度。

2）制作装饰用的巧克力时，不能混入水、水汽或其他异物，以防巧克力油脂游离，造成成品表面起花泛白、操作困难等现象。

3）控制巧克力制品的凝固程度及光泽度，使其达到制品的质量要求。

4）巧克力装饰物在制作过程中尽可能不用冰箱凝固。

5）制作巧克力装饰物时，手法要熟练，动作要轻快。

6）油纸、玻璃纸或塑胶片上的巧克力装饰片凝固后，要用薄的刀片或直接用手使装饰片分离，并轻轻取下来。

3. 巧克力推卷

（1）推卷筒。把调温好的巧克力倒在大理石台面上，用抹刀均匀抹平至厚薄一致，待冷却至未完全凝固时用薄铲刀贴近台面倾斜 45°，由后向前推卷筒，如图 2–1–9 所示。巧克力卷筒的粗细由推卷时用力的大小及距离远近来控制。

抹平巧克力

推卷手法

成形的巧克力卷筒

图 2–1–9 巧克力卷筒的制作

（2）推卷扇形片。巧克力可以稍软些，即推卷前用手抹巧克力表面有微软感。推卷时，一手持薄铲刀轻轻地推，另一手食指顶着另一边，薄铲刀 45° 倾斜由后向前推卷，注意不能卷起来，应呈波浪状的扇形片，如图 2-1-10 所示。

推卷手法

成形的巧克力扇形片

图 2-1-10　巧克力扇形片的制作

（3）巧克力推卷的注意事项

1）必须注意制作的环境温度、巧克力的调温温度及使用温度。

2）推卷时应控制力度。

3）大理石台面一定要保持干净、干燥，避免杂物混入影响巧克力装饰物的卫生和美观。

4. 巧克力淋面

（1）巧克力淋面的工艺（见图 2-1-11）。调温好的巧克力可淋于蛋糕、甜品、饼干、糖果等表面，然后再进行其他装饰。

图 2-1-11　巧克力淋面的工艺

还可以用软质巧克力进行巧克力淋面，以免由于巧克力易凝固的特点而造成操作的困难或因巧克力的硬度造成分切时成品表面破裂，尤其是蛋糕的表面极容易产生裂纹而破坏整个蛋糕图案设计的效果。

软质巧克力可以购买现成品，也可以自制。自制原料配比为巧克力：稀奶油 = 1 ： 1。将稀奶油加热后放入调温好的巧克力中，搅拌至匀滑、细腻，淋于蛋糕表面凝固后为薄而软的巧克力，并有诱人的光泽。软质巧克力可以按自己的意愿用刀具切割，不会产生破坏性的裂纹。

（2）巧克力淋面的注意事项

1）刚刚制作好的软质巧克力不宜马上进行淋面操作，太稀很难进行沾裹。

2）淋面操作不能中断，要以画圈的方式进行。

5. 巧克力捏塑

（1）巧克力捏塑的工艺。巧克力糖团的原料配比为巧克力：葡萄糖浆 = 2 ： 1。将巧克力和葡萄糖浆加热后搅拌均匀，经过反复压制后具有软、可塑性好的特点，可以捏塑成花卉、动物等各种形态的巧克力制品，如图 2–1–12 所示。

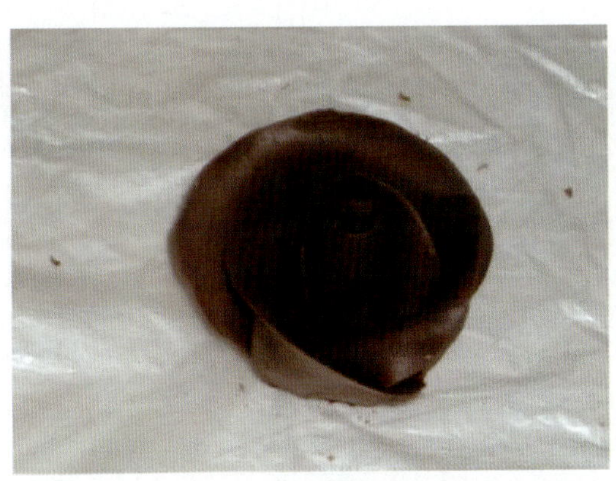

图 2–1–12　巧克力捏塑

（2）巧克力捏塑的注意事项。巧克力与葡萄糖浆的加热温度必须基本一致。

制作实例

朗姆味巧克力杏仁球

1. 原料配方

项目	原料名称	烘焙百分比
巧克力球	黑巧克力	100.00%
	稀奶油	75.00%
	黄油	15.00%
	朗姆酒	12.50%
	杏仁碎	8.00%
装饰	杏仁碎	适量
	黑巧克力	适量

2. 操作步骤

① 将用于制作巧克力球的黑巧克力隔水融化

② 加入黄油、朗姆酒搅拌均匀

③ 加入杏仁碎搅拌均匀

④ 拌入稀奶油，边搅拌边冷却至半固态

⑤ 按标准称重

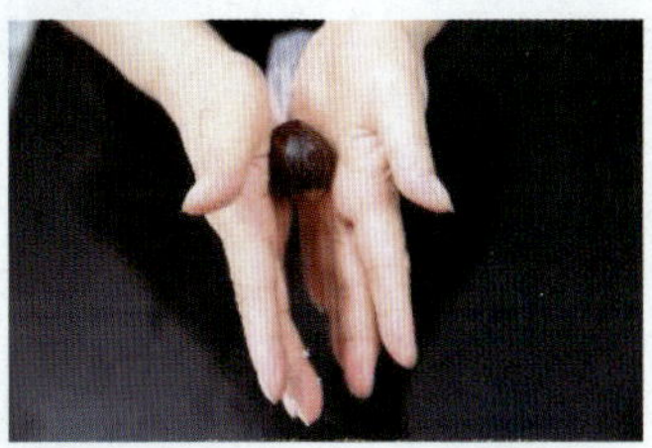
⑥ 用双手将巧克力搓成球形

⑦ 将巧克力球放入调温好的黑巧克力中裹上一层黑巧克力

⑧ 冷却巧克力球

⑨ 巧克力球放在纸托上

⑩ 表面用巧克力线条装饰

⑪ 用杏仁碎装饰

3. 小贴士

（1）调温好的巧克力可以放入冰箱冷藏，变稠以后再进行后续操作。

（2）制作好的朗姆味巧克力杏仁球应密封包装，避免产生氧化等质量问题。

4. 质量标准

成品大小相同、形态匀称、表面无开裂，入口即化、软硬适中、有浓郁的朗姆酒香味。

巧克力模塑

1. 原料配方

原料名称	烘焙百分比
黑巧克力	100.00%

2. 操作步骤

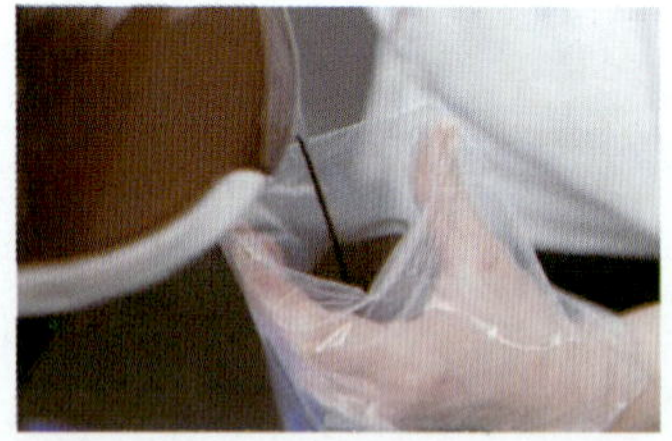

① 将融化的黑巧克力装入裱花袋

② 挤入巧克力模具

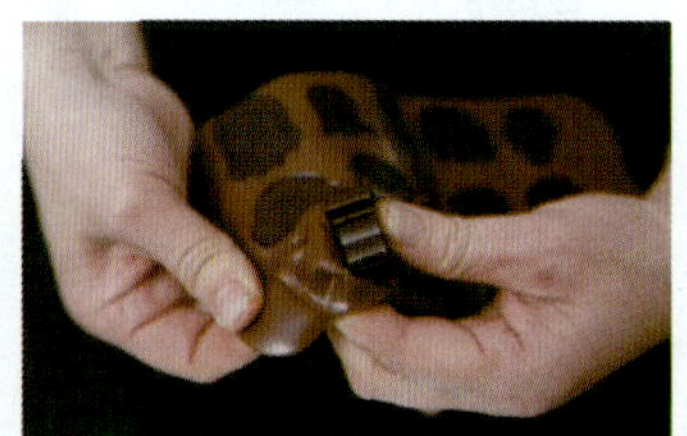

③ 冷却成形后脱模

3. 小贴士

脱模动作必须小心，以免使其破损。

4. 质量标准

成品大小均匀、形状完整、表面光洁、色泽光亮、无气孔、无缺损。

巧克力装饰片

1. 原料配方

原料名称	烘焙百分比
黑巧克力	100.00%

2. 操作步骤

（1）巧克力装饰片 1

❶ 将融化的黑巧克力倒在转印纸表面

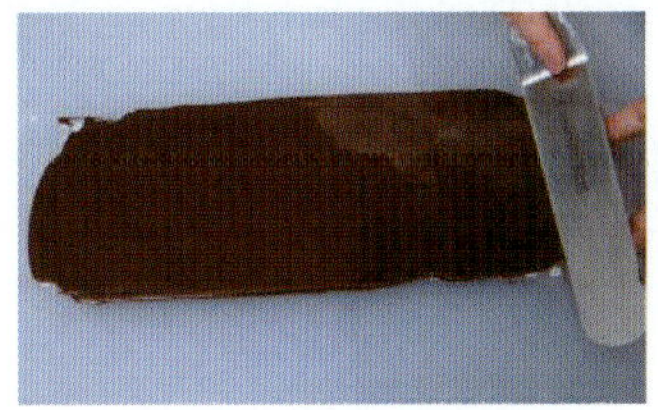

❷ 将巧克力抹平后冷却

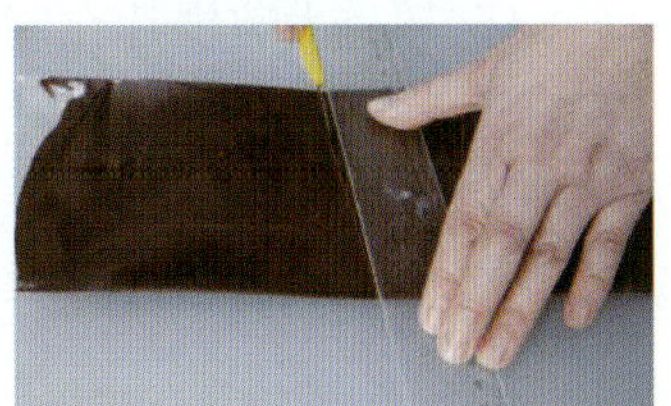

❸ 切割成形

❹ 剥离转印纸

（2）巧克力装饰片 2

① 将融化的黑巧克力装入纸袋后裱制巧克力圆点

② 花形成形

③ 剥取巧克力装饰片

（3）巧克力装饰片 3

① 将融化的黑巧克力装入纸袋后开始裱制造型

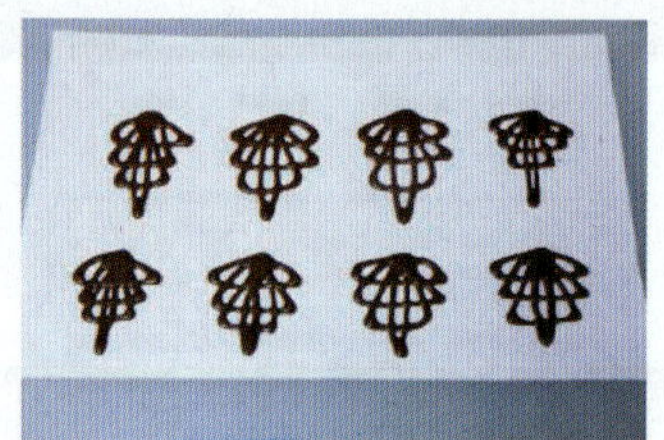

② 巧克力装饰片冷却成形，并小心地剥取下来

3. 小贴士

（1）巧克力装饰片在制作过程中尽可能不用冰箱凝固。

（2）制作巧克力装饰片时手法要熟练、动作要轻快。

（3）油纸上的巧克力装饰片凝固后，要轻轻取下来。

4. 质量标准

成品大小基本相同、形状完整、表面光洁、色泽光亮。

模块二 酥性面包制作

学习目标

了解酥性面包面团调制的原料、工艺及基本方法。
掌握酥性面包擀制成形的手法和注意事项。
掌握酥性面包面团的醒发要求。
熟悉酥性面包的质量要求。
能够对酥性面包面团进行烘烤。

酥性面包（也称起酥面包）是一种内部层次结构分明、口味酥松香甜的面包。酥性面包是用发酵面团包裹油脂，通过折叠、擀制、造型、烘烤等工艺制成的面包。

一、酥性面包的特性

根据不同的工艺和起源，常见的酥性面包分为丹麦面包、羊角面包等。丹麦面包起源于丹麦籍的一位面包大师，后来传遍整个欧洲，逐渐风行于世界各地。它是一种油脂成分较高、质地酥软、风味独特、深受人们喜爱的松质面包。制作丹麦面包的面团面粉成分较少，裹入的油脂较多，将整块油脂包入面团，通过擀平、折叠、成形、烘烤等工艺制成，面包表皮酥松、层次分明，类似清酥类制品。羊角面包传说起源于奥地利维也纳的一家糕点店，面包师傅们把面包做成了羊角的形状，因此得名。

酥性面包大多以面粉、酵母、糖、油脂、水、蛋液、盐为基本原料，根据制品种类的差异，其原料配比有区别。

二、酥性面包面团调制

酥性面包面团与一般面包面团不同，它是用发酵面团（用水调制的含有酵母的面团）包入油面团（包括黄油、起酥油），经过擀压、折叠制成类似清酥类的面坯。其特别之处在于发酵面团根据制品的不同要求，用料配比有所区别。

1. 搅拌

将发酵面团配料中所有的原料混合，搅拌均匀后搅打成光滑的筋性面团。

2. 发酵

把搅打好的面团放在室温 25 ℃环境下发酵，发酵到原来体积的 2 ~ 2.5 倍。

3. 静置

将面团揉成圆形后擀制成片状，用塑料纸包裹住面坯，冷藏松弛待用。

4. 注意事项

（1）面团发酵完成后，用手指沾面粉后插进面团，拔出手指后孔洞不塌陷，也不回缩。

（2）由于不同面粉的吸水性不一致，配方里的水不要一次性加入，而要视面团的软硬程度酌情增加。面团一定要有充足的水分，这样才能保证擀制时不容易回缩。

（3）酥性面包面团搅拌时，油脂可以和面粉等原料一起搅拌。

（4）原料搅打到形成面团并起筋，拉开面团时可以勉强形成一层薄膜即可。

（5）注意面团搅打时温度的控制，温度过高会对面团发酵产生影响。

（6）搅打好的面团进行基础发酵时，可以在室温下进行。温度不同，发酵时间会不一样，如果温度较低，则应适当延长发酵时间。

（7）搅打好的面团进行基础发酵时，采用冷藏（4 ℃）发酵 6 ~ 12 h 可以获得更高品质的酥性面包面团，但冷藏温度不宜过低，静置时间不宜过长，面团不能冻得太硬。

三、酥性面包面坯的包油、折叠和擀制

1. 包油

将发酵面团擀制成面坯，将油面团整形成发酵面团面坯的 1/2 大小，放置在发酵面团面坯上，用发酵面团面坯包住油面团，如图 2–2–1 所示。

油面团整形

包裹油面团

图 2-2-1 包油

2. 折叠和擀制

擀制时要掌握油脂的软硬度，油脂和面坯的软硬度需要基本匹配。运用三折法、四折法等工艺，将面坯进行二次折叠和擀制，如图 2-2-2 所示。每次折叠后面坯应静置松弛，松弛的目的是让擀制时受压的面坯松弛。

面坯折叠

面坯擀制

图 2-2-2 面坯折叠和擀制

3. 注意事项

（1）擀制酥性面包面坯的过程中要注意每次折叠擀制时应将面旋转 90°。

（2）每次折叠完成后，应将面坯放冰箱冷藏松弛。

四、酥性面包面坯的成形

酥性面包面坯的成形可以用手工进行，也可以用机械来完成，但大都采用手工成形。酥性面包手工成形时每个动作都有其独特的作用，可视成形的需要相互配合使用。

1. 成形手法

（1）切割。将面坯压薄或擀薄后，用刀切割成大小均匀的三角形、正方形、长方形或其他各种形状，如图 2–2–3 所示。切割成形时要保证面坯有一定的硬度，如果过软则应放在冰箱冷冻片刻再切割成形。

（2）推卷。双手配合，将面坯从一侧向另一侧用力均匀推卷，一般卷三圈。推卷三角形面坯时，一手配合将面坯的尖顶处向外拉伸，目的是延长推卷的距离，如图 2–2–4 所示。推卷前也可以在面坯内包馅。

图 2–2–3　切割

图 2–2–4　推卷

（3）折叠。将面坯压薄或擀薄后，用刀切割成大小均匀的正方形，采用对折或交叉对折等折叠成三角形、风车形等，如图 2–2–5 所示。

（4）包入。将面坯压薄或擀薄后，切割成所需大小，在中间包入馅料，采用对折包或平行包的手法成形，如图 2–2–6 所示。

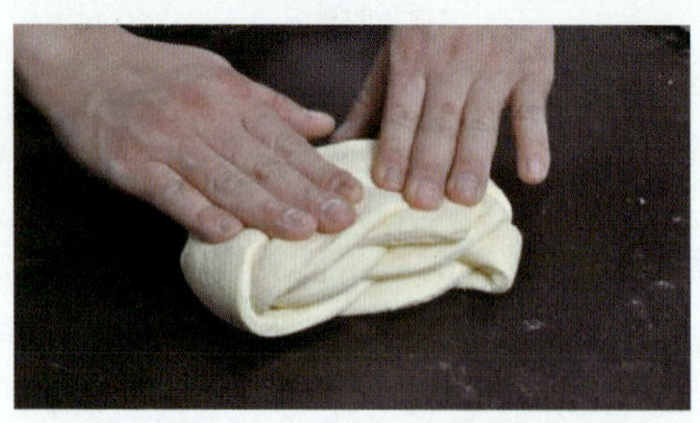
图 2–2–5　折叠

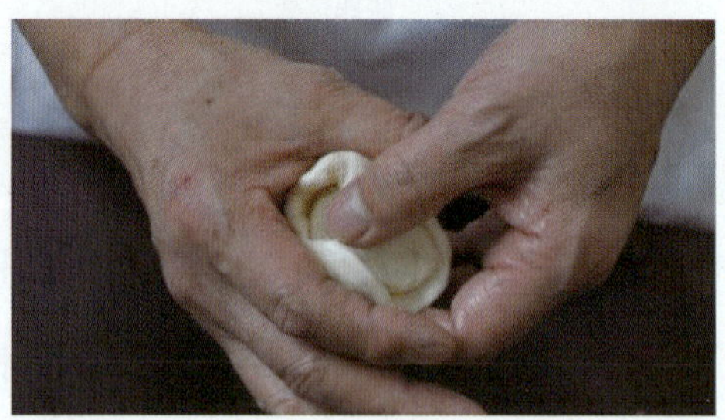
图 2–2–6　包入

（5）编织。将面坯切割成长条形薄片，按编织方法编成辫子状或其他各种形状，如图 2–2–7 所示。

（6）卷制（见图 2–2–8）。直接卷制就是先将面坯擀成长方形，然后用双手将面坯直接卷成圆柱形。包馅卷制是在面坯上均匀平铺各类馅料再卷制成形。

图 2-2-7 编织

直接卷制

包馅卷制

图 2-2-8 卷制

（7）绕制。长方形面坯切割成一定尺寸的小长方形，小长方形面坯对折后在对折处切口（注意保证面坯两头不切断），双手配合将面坯两头穿进切口反复绕制成花色面坯，如图 2-2-9 所示。

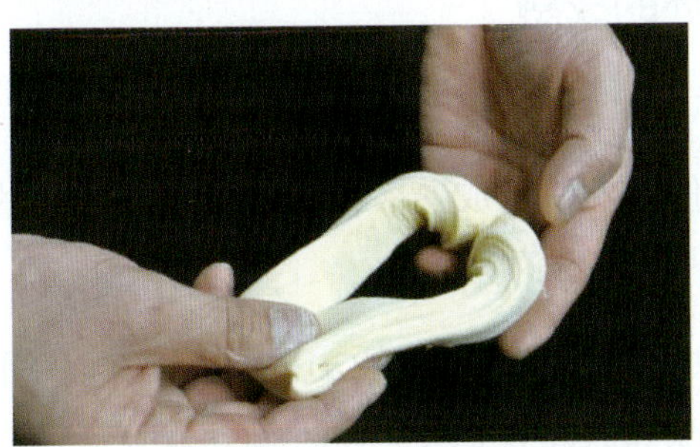
图 2-2-9 绕制

2. 注意事项

（1）无论采用哪种成形手法，面坯接口的部位都应刷少许蛋液黏合，防止烘烤时开裂而影响成品的外观质量。

（2）注意控制操作环境的温度，操作环境温度过高会影响面坯成形和成品质量。

（3）酥性面包成形后，注意将面坯的收口朝下放置，防止烘烤时开口爆裂。

五、酥性面包面坯的最后醒发

1. 最后醒发

成形后的酥性面包面坯需要进行最后醒发。要严格控制酥性面包面坯最后醒发的时间和温度，时间太长、太短对面包质量都不利。

根据制品的大小及要求，选择合理的醒发时间，一般为 30 ~ 60 min。

酥性面包最后醒发温度为 25 ~ 30 ℃、相对湿度为 60% ~ 80%，一般醒发至体积为原来的 2 倍左右即可。

2. 最后醒发的注意事项

（1）成形后的面坯放置在烤盘上时，注意面坯之间保持一定的距离，保证发酵后面坯不相互粘连。

（2）酥性面包面坯醒发时，应控制面坯表面的水分。面坯表面太湿会使制品塌陷，层次不清晰。面坯表面太干会使制品表面结皮，出现断裂、粗糙、体积过小等影响成品质量的现象。

（3）在醒发时，面坯不要受到震动，以免面坯塌陷，影响成品质量。

六、酥性面包面坯的成熟

1. 成熟的一般方法

一般用烘烤的方法使酥性面包成熟，因此根据不同品种的品质及大小确定合理的烘烤温度及时间是制品成熟质量的关键。

一般酥性面包的烘烤温度为 140 ~ 220 ℃，150 g 以下面坯的制品烘烤时间为 15 ~ 20 min，较大制品烘烤时间要延长。酥性面包烘烤后期打开烤炉的抽风口，将烤炉内的多余蒸汽抽出，可以使面包表皮保持酥松。

酥性面包大多内部含有较多油脂，要保证制品完全烘烤成熟，必须待面包内部成熟后再出炉。面包过早出炉会很快收缩，影响成品的质量及口味。

不同的酥性面包对烤炉有不同的要求，采用热风烤炉烘烤成熟的羊角面包品质更稳定，采用平炉烘烤花色起酥造型面包效果更好。

2. 烘烤成熟的注意事项

（1）酥性面包面坯入炉后不可受到剧烈震动。

（2）酥性面包烘烤时不要时常打开炉门，防止热量散失。

（3）酥性面包膨胀到最大限度后，可以适当降低烤炉温度，使面包内部得以完全成熟。

（4）酥性面包烘烤后，成品应内外完全成熟、不生不煳，具有良好的外形、正常的体积和颜色，造型美观、层次分明，具有应有的口味和酥松的特点。

巧克力羊角面包

1. 原料配方

项目	原料名称	烘焙百分比
发酵面团	高筋粉	80.00%
	低筋粉	20.00%
	干酵母	1.50%
	盐	1.20%
	白砂糖	15.00%
	黄油	4.00%
	蛋液	10.00%
	全脂奶粉	3.00%
	水	50.00%
油面团	片状黄油	40.00% ~ 50.00%
馅料	耐烤巧克力棒	适量

2. 制作条件

醒发：温度 25 ℃、相对湿度 70% ~ 80%、时间 60 ~ 70 min。

烘烤：上火温度 200 ℃、下火温度 190 ℃、时间 15 min。

3. 操作步骤

① 除黄油外，其他发酵面团原料按序放入搅拌缸

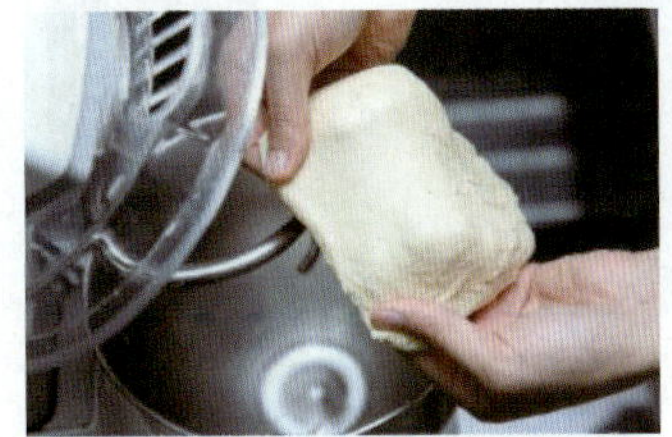

② 原料搅拌成不完全的筋性面团

③ 加入黄油继续慢速搅拌

④ 发酵面团搅拌成完全的筋性面团

⑤ 发酵面团揉圆后盖塑料薄膜静置

⑥ 片状黄油擀制成薄片

⑦ 发酵面团擀制成长方形面坯

⑧ 面坯折起来包裹片状黄油

⑨ 将片状黄油完全包裹住

⑩ 第一次擀制面坯

⑪ 第一次折叠面坯并冷藏松弛

⑫ 第二次擀制面胚

⑬ 第二次折叠面坯并冷藏松弛

⑭ 面坯擀制成长方形

⑮ 切割成底边长 10 cm、高 18 cm 的等腰三角形面坯

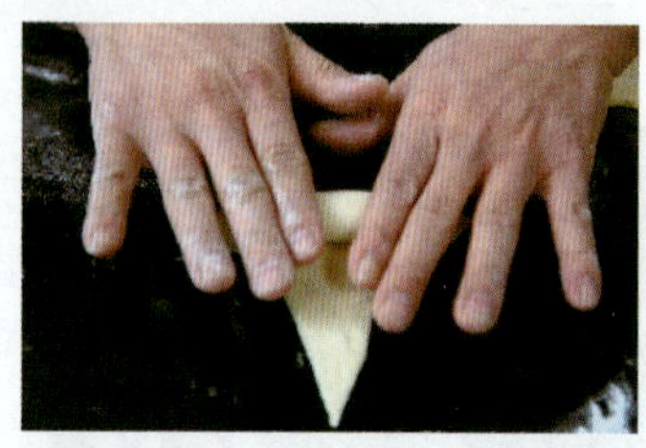
⑯ 把耐烤巧克力棒放在面坯底部并卷制成形

⑰ 将面坯尖部压在面坯底部

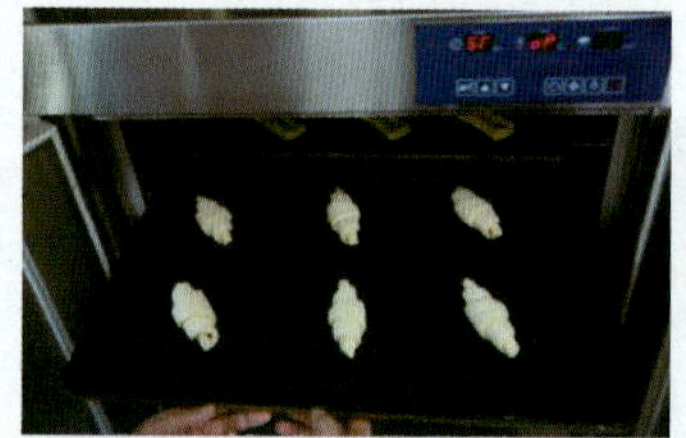
⑱ 面坯进醒发箱醒发

⑲ 面坯表面刷蛋液后入炉烘烤成熟

4. 质量标准

成品羊角形、形态饱满、层次清晰、大小均匀，表面金黄色、色泽均匀、无焦黑，具有奶香味、甜咸适中、不粘牙、外脆内酥松。

羊角面包

1. 原料配方

项目	原料名称	烘焙百分比
发酵面团	高筋粉	80.00%
	低筋粉	20.00%
	干酵母	1.50%
	盐	1.20%
	白砂糖	15.00%
	黄油	4.00%
	蛋液	10.00%
	全脂奶粉	3.00%
	水	50.00%
油面团	片状黄油	40.00% ~ 50.00%

2. 制作条件

醒发：温度 25 ℃、相对湿度 78%、时间 40 min。

烘烤：上火温度 200 ℃、下火温度 190 ℃、时间 15 min。

3. 操作步骤

① 除黄油外，其他发酵面团原料按序放入搅拌缸

② 原料搅拌成不完全的筋性面团

③ 加入黄油继续慢速搅拌

④ 发酵面团搅拌成完全的筋性面团

⑤ 发酵面团揉圆后盖塑料薄膜静置

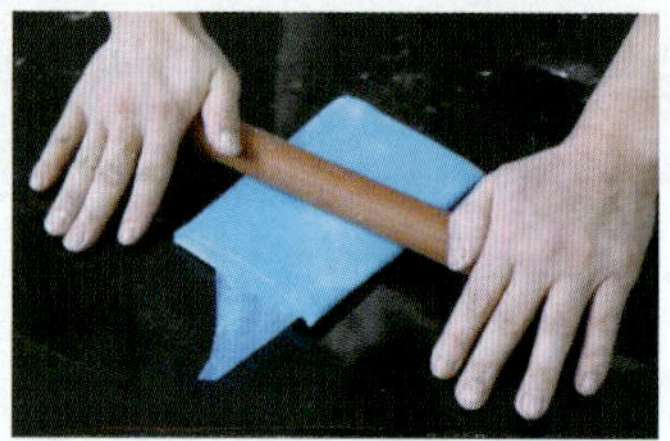

⑥ 片状黄油擀制成薄片

⑦ 发酵面团擀制成长方形面坯

⑧ 面坯折起来包裹片状黄油

⑨ 将片状黄油完全包裹住

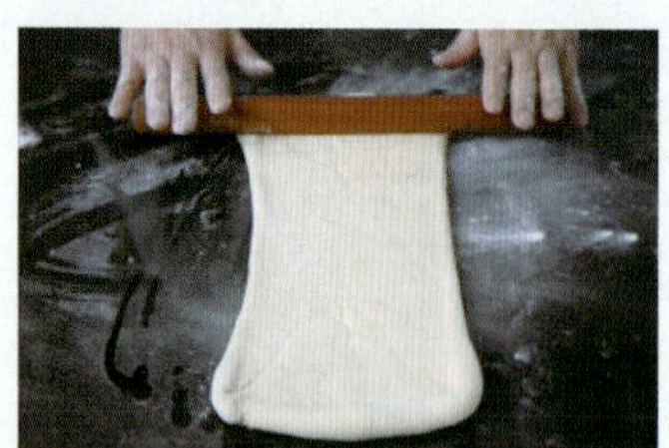

⑩ 第一次擀制面坯

⑪ 第一次折叠面坯并冷藏松弛

⑫ 第二次擀制面坯

⑬ 第二次折叠面坯并冷藏松弛

⑭ 面坯擀制成长方形

⑮ 切割成底边长 10 cm、高 18 cm 的等腰三角形面坯

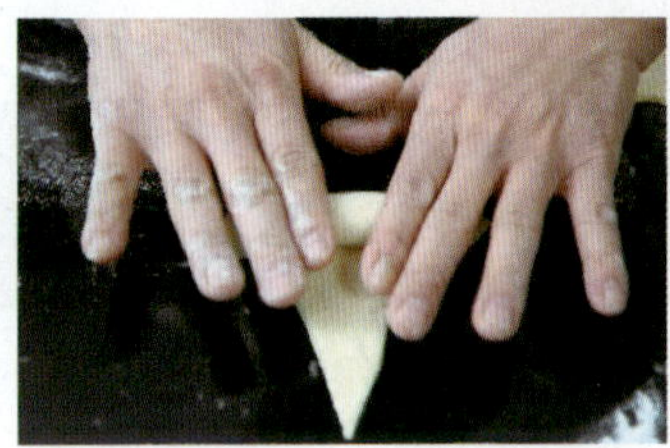

⑯ 卷制面坯

⑰ 将面坯尖部压在面坯底部

⑱ 面坯进醒发箱醒发

⑲ 面坯表面刷蛋液后入炉烘烤成熟

4. 质量标准

成品羊角形、形态饱满、层次清晰、大小均匀，表面金黄色、色泽均匀、无焦黑，具有奶香味、甜咸适中、不粘牙、外脆内酥松。

丹麦水果面包

1. 原料配方

项目	原料名称	烘焙百分比
发酵面团	高筋粉	80.00%
	低筋粉	20.00%
	干酵母	1.50%
	盐	1.20%
	白砂糖	15.00%
	黄油	4.00%
	蛋液	10.00%
	全脂奶粉	3.00%
	水	50.00%
油面团	片状黄油	40.00% ~ 50.00%
装饰	卡仕达酱、果酱、水果	适量

2. 制作条件

醒发：温度 25 ℃、相对湿度 80%、时间 60 ~ 70 min。

烘烤：上火温度 200 ℃、下火温度 190 ℃、时间 15 min。

3. 操作步骤

① 除黄油外，其他发酵面团原料按序放入搅拌缸

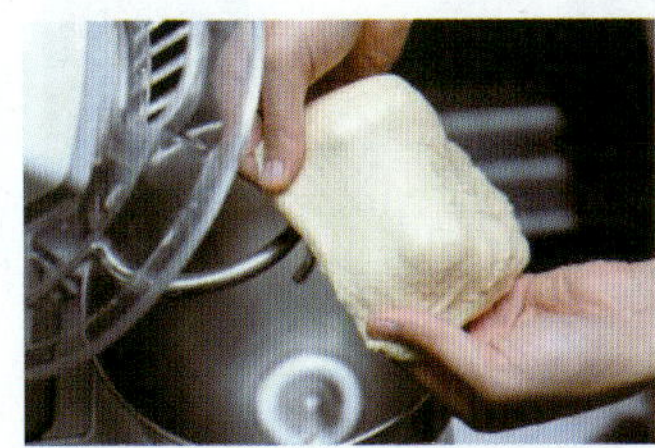

② 原料搅拌成不完全的筋性面团

③ 加入黄油继续慢速搅拌

④ 发酵面团搅拌成完全的筋性面团

⑤ 发酵面团揉圆后盖塑料薄膜静置

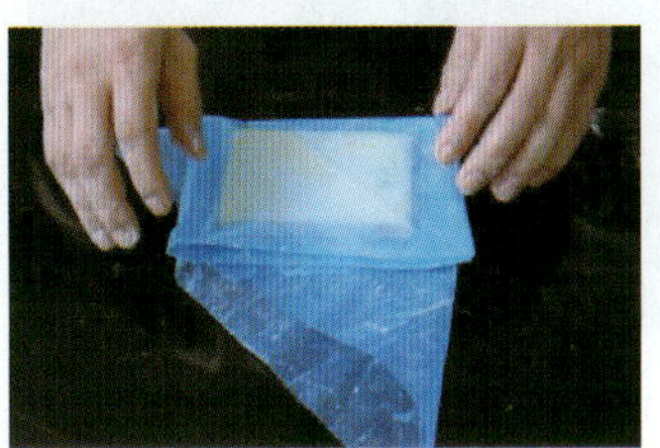

⑥ 片状黄油擀制成薄片

⑦ 发酵面团擀制成长方形面坯

⑧ 面坯折起来包裹片状黄油

⑨ 将片状黄油完全包裹住

⑩ 第一次擀制面坯

⑪ 第一次折叠面坯并冷藏松弛

⑫ 第二次擀制面胚

⑬ 第二次折叠面坯并冷藏松弛

⑭ 面坯擀制成长方形

⑮ 按尺寸要求切割面坯

⑯ 面坯对折切割造型

⑰ 面坯边缘刷蛋液

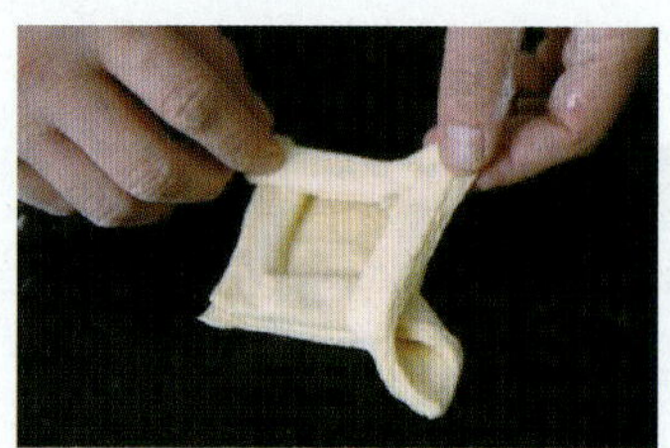
⑱ 面坯折翻造型后入醒发箱醒发

⑲ 面坯置盘后表面刷蛋液

⑳ 面坯凹处挤入卡仕达酱

㉑ 入炉烘烤成熟

㉒ 裱挤果酱装饰

㉓ 用水果装饰

4. 质量标准

成品大小均匀、层次清晰、形态端正饱满，表面金黄色、无焦黑，具有奶香味、甜咸适中、不粘牙。

丹麦吐司面包

1. 原料配方

项目	原料名称	烘焙百分比
发酵面团	高筋粉	80.00%
	低筋粉	20.00%
	干酵母	1.80%
	盐	1.80%
	白砂糖	10.00%
	黄油	10.00%
	蛋液	10.00%
	全脂奶粉	3.00%
	水	50.00%
油面团	片状黄油	35.00%

2. 制作条件

醒发：温度 25 ℃、相对湿度 80%、时间 80 min。

烘烤：上火温度 215 ℃、下火温度 210 ℃、时间 43 min。

3. 操作步骤

① 除黄油外，其他发酵面团原料按序放入搅拌缸

② 原料搅拌成不完全的筋性面团

③ 加入黄油继续慢速搅拌

④ 发酵面团搅拌成完全的筋性面团

⑤ 发酵面团揉圆后盖塑料薄膜静置

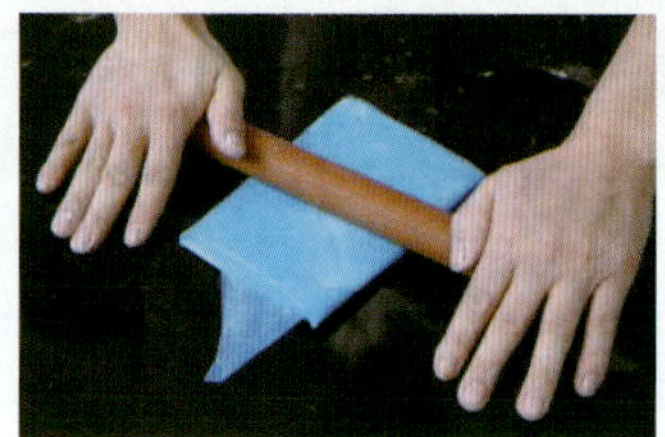

⑥ 片状黄油擀制成薄片

⑦ 发酵面团擀制成长方形面坯

⑧ 面坯折起来包裹片状黄油

⑨ 将片状黄油完全包裹住

⑩ 第一次擀制面坯

⑪ 第一次折叠面坯并冷藏松弛

⑫ 第二次擀制面坯

⑬ 第二次折叠面坯并冷藏松弛

⑭ 面坯擀制成长方形，切割成 50 cm × 2 cm 的长条形面坯

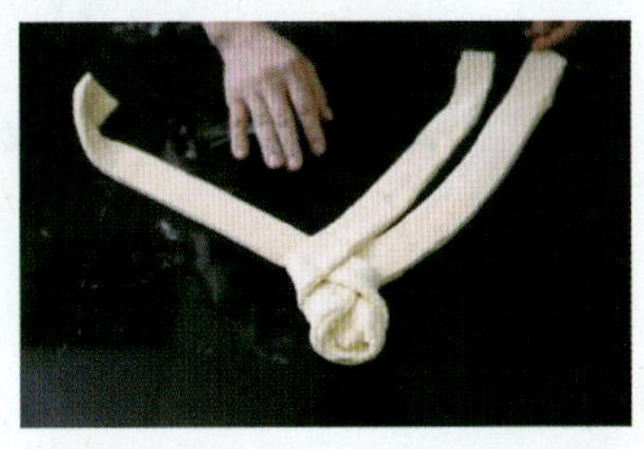

⑮ 将 3 根长条形面坯编成扁辫状

⑯ 扁辫状条坯三折并稍压紧

⑰ 放入吐司盒，置于醒发箱醒发

⑱ 醒发完成后，盖上模具盖

⑲ 入炉烘烤成熟

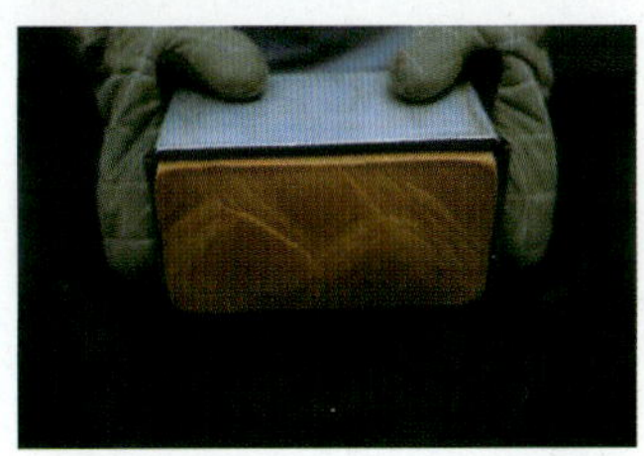

⑳ 热脱模

4. 质量标准

成品长方形、形态端正，表面金黄色、色泽均匀、无焦黑，具有奶香味、甜咸适中、不粘牙。

丹麦葡萄干面包

1. 原料配方

项目	原料名称	烘焙百分比
发酵面团	高筋粉	80.00%
	低筋粉	20.00%
	干酵母	1.80%
	盐	1.50%
	白砂糖	15.00%
	黄油	5.00%
	蛋液	10.00%
	牛奶	5.00%
	水	50.00%
油面团	片状黄油	50.00%
馅料	葡萄干	30.00%
	卡仕达酱	适量

2. 制作条件

醒发：温度 25 ℃、相对湿度 80%、时间 60 ～ 70 min。

烘烤：上火温度 200 ℃、下火温度 190 ℃、时间 15 min。

3. 操作步骤

① 除黄油外，其他发酵面团原料按序放入搅拌缸

② 原料搅拌成不完全的筋性面团

③ 加入黄油继续慢速搅拌

④ 发酵面团搅拌成完全的筋性面团

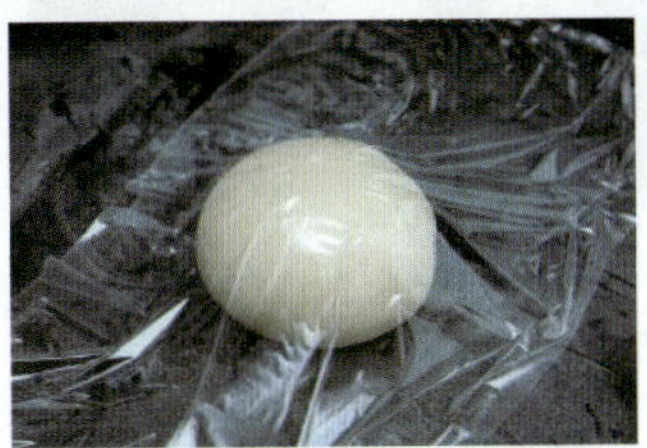
⑤ 发酵面团揉圆后盖塑料薄膜静置

⑥ 片状黄油擀制成薄片

⑦ 发酵面团擀制成长方形面坯

⑧ 面坯折起来包裹片状黄油

⑨ 将片状黄油完全包裹住

⑩ 第一次擀制面坯

⑪ 第一次折叠面坯并冷藏松弛

⑫ 第二次擀制面坯

⑬ 第二次折叠面坯并冷藏松弛

⑭ 面坯擀成薄片，抹卡仕达酱

⑮ 面坯表面均匀撒葡萄干后卷成圆柱形

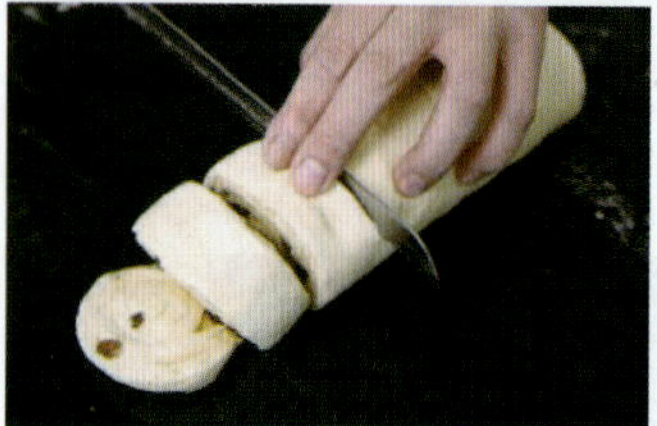

⑯ 切割成 2.5 cm 厚的片状面坯

⑰ 面坯放进纸托后入醒发箱醒发

⑱ 烤前刷蛋液

⑲ 入炉烘烤成熟

4. 质量标准

成品大小均匀、层次清晰、形态端正饱满，表面金黄色、无焦黑，具有奶香味、甜咸适中、不粘牙。

丹麦卷

1. 原料配方

项目	原料名称	烘焙百分比
发酵面团	高筋粉	80.00%
	低筋粉	20.00%
	干酵母	1.80%
	盐	1.50%
	白砂糖	15.00%
	黄油	5.00%
	蛋液	10.00%
	牛奶	5.00%
	水	45.00%
油面团	片状黄油	50.00%

2. 制作条件

醒发：温度 25 ℃、相对湿度 80%、时间 60 min。

烘烤：上火温度 200 ℃、下火温度 190 ℃、时间 15 min。

3. 操作步骤

① 除黄油外，其他发酵面团原料按序放入搅拌缸

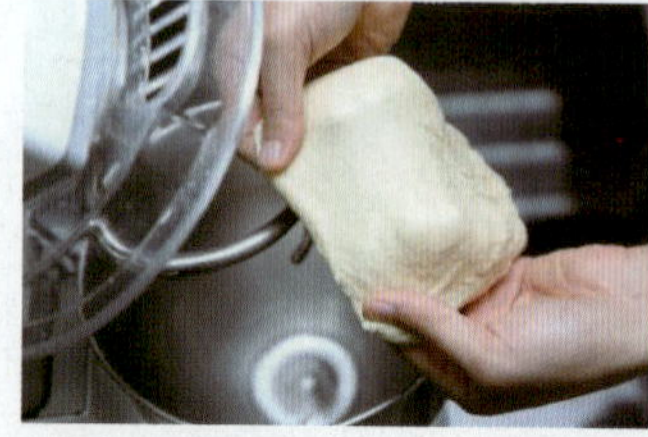
② 原料搅拌成不完全的筋性面团

③ 加入黄油继续慢速搅拌

④ 发酵面团搅拌成完全的筋性面团

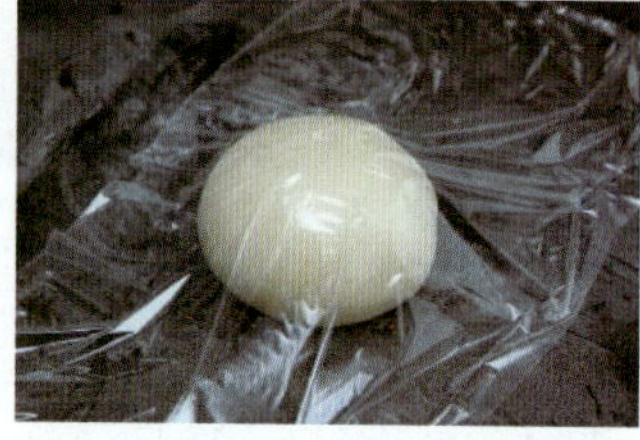
⑤ 发酵面团揉圆后盖塑料薄膜静置

⑥ 片状黄油擀制成薄片

⑦ 发酵面团擀制成长方形面坯

⑧ 面坯折起来包裹片状黄油

⑨ 将片状黄油完全包裹住

⑩ 第一次擀制面坯

⑪ 第一次折叠面坯并冷藏松弛

⑫ 第二次擀制面坯

13 第二次折叠面坯并冷藏松弛

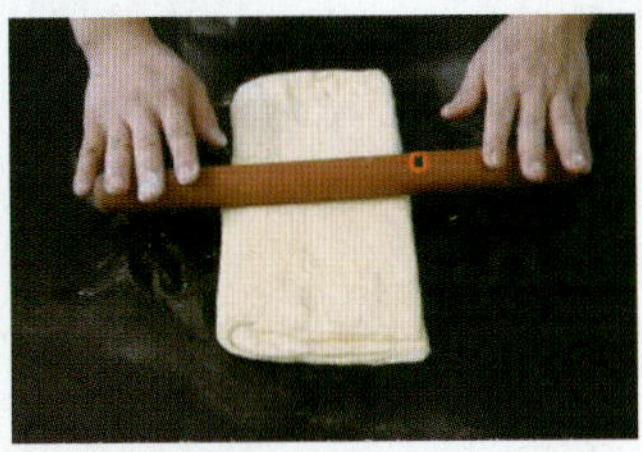

14 面坯擀制成长方形

15 面坯表面刷蛋液

16 将面坯卷制成圆柱形

17 切割成 2.5 cm 厚的片状面坯

18 面坯放进纸托后入醒发箱醒发

19 烤前刷蛋液

20 入炉烘烤成熟

4. 质量标准

成品大小均匀、层次清晰、形态端正饱满，表面金黄色、无焦黑，具有奶香味、甜咸适中、不粘牙。

布里奥卷

1. 原料配方

项目	原料名称	烘焙百分比
面团	高筋粉	100.00%
	干酵母	1.80%
	水	30.00%
	盐	1.60%
	白砂糖	20.00%
	黄油	25.00%
	蛋液	20.00%
	全脂奶粉	3.00%
馅料	卡仕达酱	适量

2. 制作条件

醒发：温度 25 ℃、相对湿度 80%、时间 60 min。

烘烤：上火温度 200 ℃、下火温度 190 ℃、时间 13 min。

3. 操作步骤

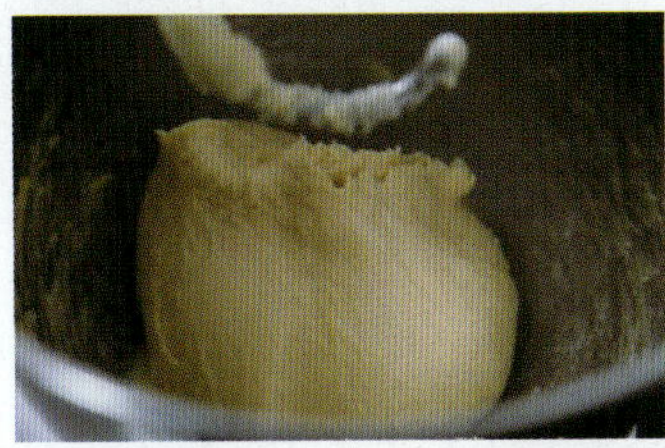

① 除黄油外，其他面团原料放入搅拌缸搅拌成不完全的筋性面团

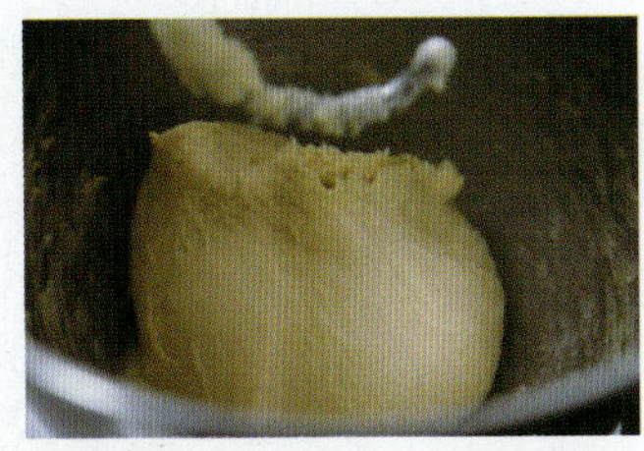

② 慢速分次加入黄油搅拌

③ 将面团搅拌成完全的筋性面团

④ 面团擀制成长方形面坯，并在表面用卡仕达酱均匀抹制

⑤ 将面坯卷成圆柱形

⑥ 分割面坯

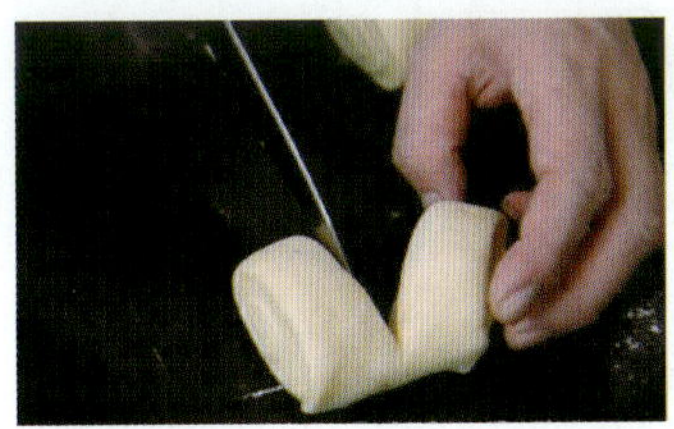

⑦ 将面坯对等分割开

⑧ 模具内侧均匀涂抹固态黄油备用

⑨ 面坯翻转后平放在模具内，进醒发箱醒发

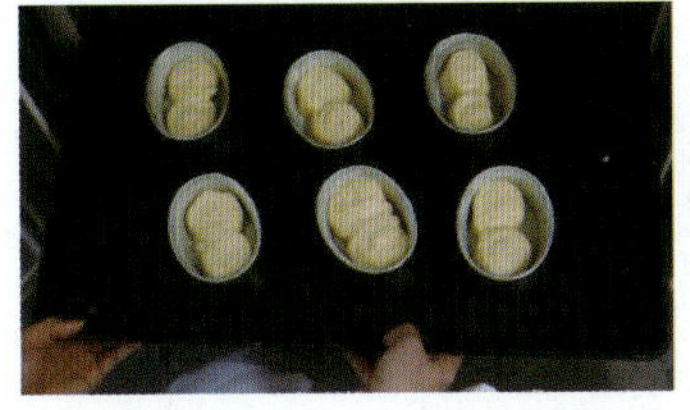

⑩ 面坯醒发后表面刷蛋液

⑪ 入炉烘烤成熟后热脱模

4. 质量标准

成品大小均匀、层次清晰、形态端正饱满，表面金黄色、无焦黑，具有奶香味、甜咸适中、不粘牙。

梦罗丹麦面包

1. 原料配方

项目	原料名称	烘焙百分比
发酵面团	高筋粉	80.00%
	低筋粉	20.00%
	干酵母	1.80%
	盐	1.80%
	白砂糖	10.00%
	黄油	6.00%
	蛋液	5.00%
	牛奶	5.00%
	水	50.00%
油面团	片状黄油	40.00%

2. 制作条件

醒发：温度 25 ℃、相对湿度 80%、时间 60 min。

烘烤：上火温度 180 ℃、下火温度 200 ℃、时间 15 min。

3. 操作步骤

① 除黄油外，其他发酵面团原料按序放入搅拌缸

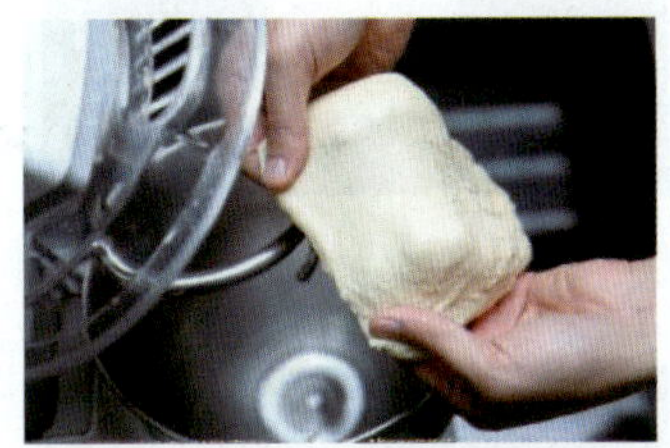

② 原料搅拌成不完全的筋性面团

③ 加入黄油继续慢速搅拌

④ 发酵面团搅拌成完全的筋性面团

⑤ 发酵面团揉圆后盖塑料薄膜静置

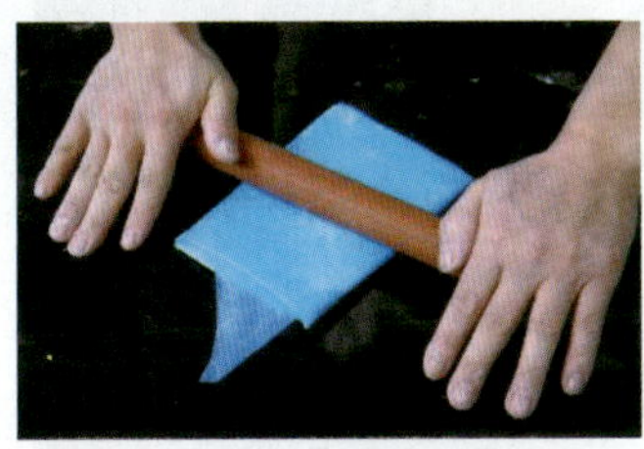

⑥ 片状黄油擀制成薄片

⑦ 发酵面团擀制成长方形面坯

⑧ 面坯折起来包裹片状黄油

⑨ 将片状黄油完全包裹住

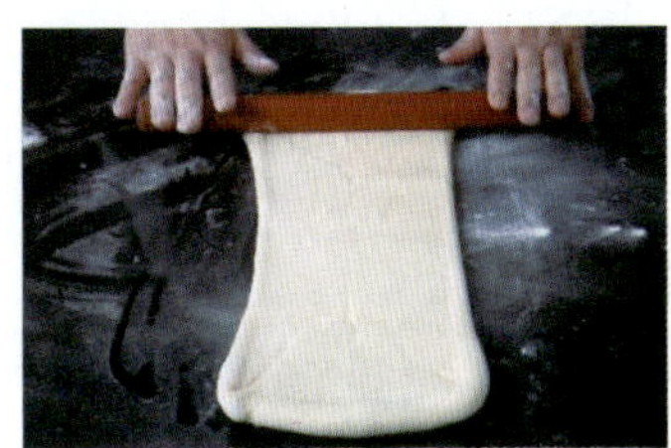

⑩ 第一次擀制面坯

⑪ 第一次折叠面坯并冷藏松弛

⑫ 第二次擀制面坯

⑬ 第二次折叠面坯并冷藏松弛

⑭ 面坯擀制成长方形

⑮ 切割整形面坯

⑯ 切割成 12 cm × 5 cm 的条形面坯并松弛

⑰ 条形面坯对折，中间切开

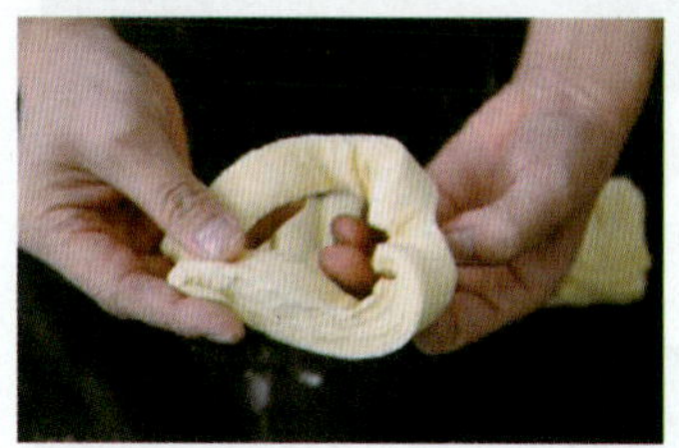
⑱ 面坯的一头固定，另一头穿过切口

⑲ 从切口反复绕转

⑳ 面坯绕转成形

㉑ 面坯放入专用模具内，进醒发箱醒发

㉒ 面坯醒发后表面刷蛋液

㉓ 入炉烘烤成熟后热脱模

4. 质量标准

成品大小均匀、层次清晰、形态端正饱满，表面金黄色、无焦黑，具有奶香味、甜咸适中、不粘牙。

丹麦卡仕达面包

1. 原料配方

项目	原料名称	烘焙百分比
发酵面团	高筋粉	80.00%
	低筋粉	20.00%
	干酵母	1.80%
	盐	1.50%
	白砂糖	15.00%
	黄油	8.00%
	蛋液	10.00%
	牛奶	5.00%
	水	50.00%
油面团	片状黄油	40.00%
馅料	卡仕达酱	15.00%

2. 制作条件

醒发：温度 25 ℃、相对湿度 80%、时间 60 min。

烘烤：上火温度 200 ℃、下火温度 190 ℃、时间 15 min。

3. 操作步骤

① 除黄油外，其他发酵面团原料按序放入搅拌缸

② 原料搅拌成不完全的筋性面团

③ 加入黄油继续慢速搅拌

④ 发酵面团搅拌成完全的筋性面团

⑤ 发酵面团揉圆后盖塑料薄膜静置

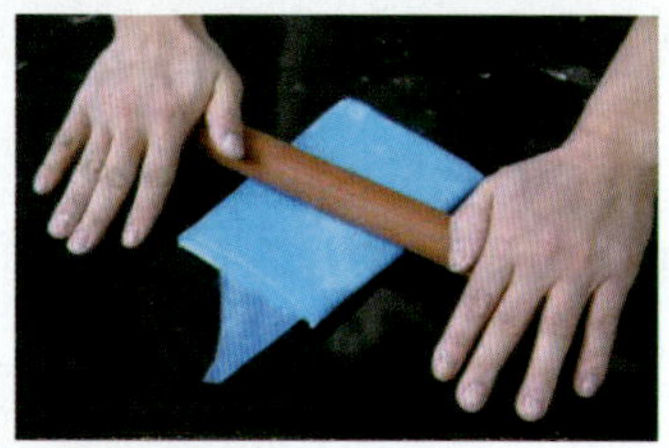
⑥ 片状黄油擀制成薄片

⑦ 发酵面团擀制成长方形面坯

⑧ 面坯折起来包裹片状黄油

⑨ 将片状黄油完全包裹住

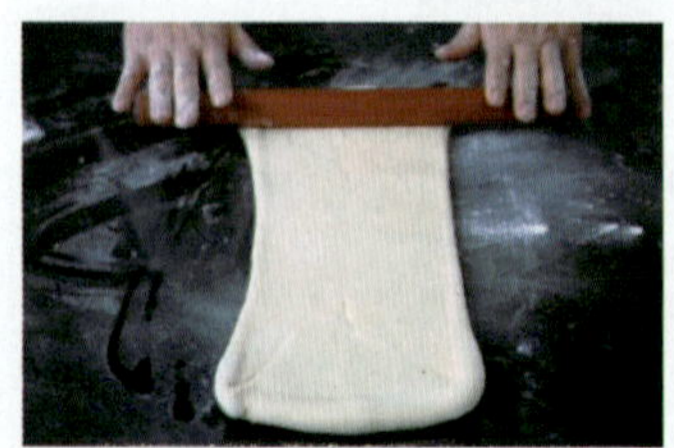
⑩ 第一次擀制面坯

⑪ 第一次折叠面坯并冷藏松弛

⑫ 第二次擀制面坯

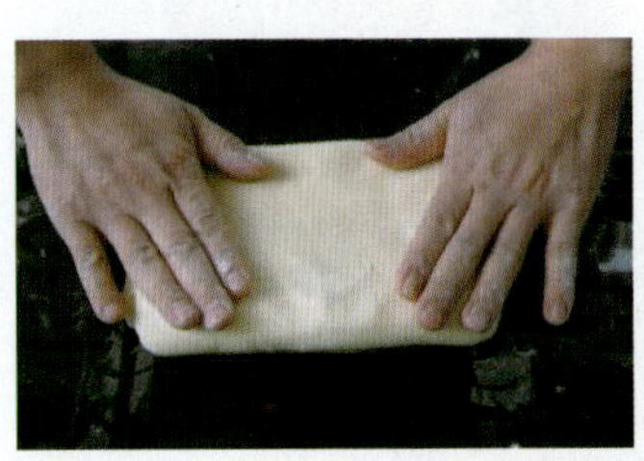

⑬ 第二次折叠面坯并冷藏松弛

⑭ 面坯擀成薄片，均匀涂抹卡仕达酱

⑮ 卷制面坯成筒状

⑯ 按每个 2.5 cm 的厚度分割面坯

⑰ 面坯放进纸托后入醒发箱醒发

⑱ 面坯烤前刷蛋液

⑲ 入炉烘烤成熟

4. 质量标准

成品圆形、大小均匀、层次清晰、形态端正饱满，表面金黄色、无焦黑，具有奶香味、甜咸适中、不粘牙。

丹麦杏仁面包

1. 原料配方

项目	原料名称	烘焙百分比
发酵面团	高筋粉	80.00%
	低筋粉	20.00%
	干酵母	1.80%
	盐	1.80%
	白砂糖	10.00%
	黄油	6.00%
	蛋液	5.00%
	牛奶	5.00%
	水	50.00%
	杏仁粉	3.00%
油面团	片状黄油	40.00%
装饰	杏仁片	适量

2. 制作条件

醒发：温度 25 ℃、相对湿度 80%、时间 80 min。

烘烤：上火温度 200 ℃、下火温度 190 ℃、时间 15 min。

3. 操作步骤

① 除黄油外，其他发酵面团原料按序放入搅拌缸

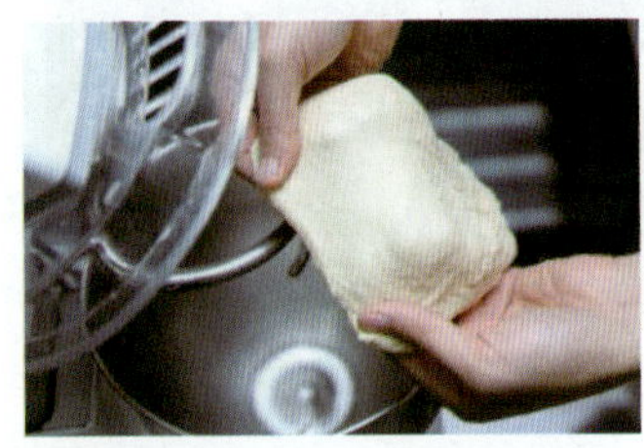

② 原料搅拌成不完全的筋性面团

③ 加入黄油继续慢速搅拌

④ 发酵面团搅拌成完全的筋性面团

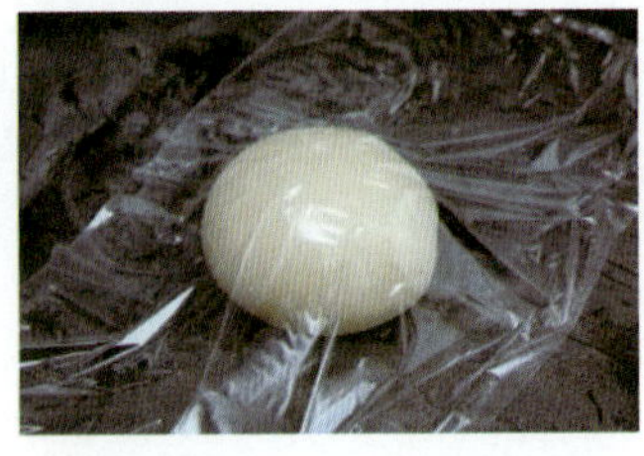

⑤ 发酵面团揉圆后盖塑料薄膜静置

⑥ 片状黄油擀制成薄片

⑦ 面坯折起来包裹片状黄油

⑧ 擀制面坯后冷藏松弛

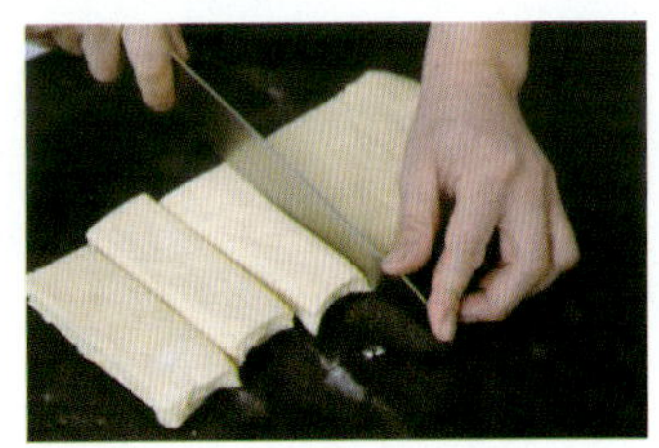

⑨ 面坯切割成条形面坯

⑩ 条形面坯对折，中间切开

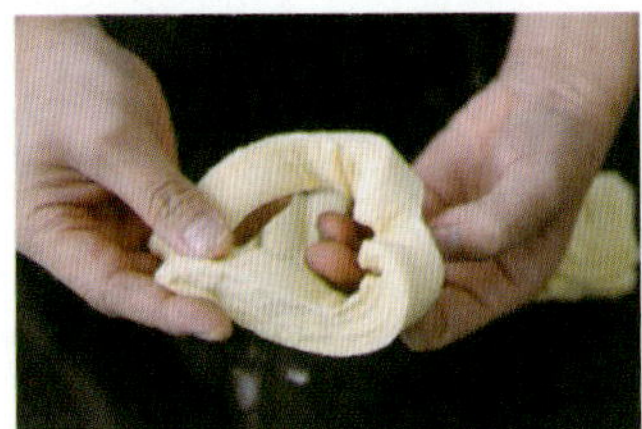

⑪ 将面坯的一头固定，另一头穿过切口

⑫ 从切口反复绕转成所需的形状

⑬ 面坯置盘进醒发箱醒发后表面刷蛋液

⑭ 面坯表面用杏仁片装饰

⑮ 入炉烘烤成熟

4. 质量标准

成品长条形、大小均匀、层次清晰、形态端正饱满，表面金黄色、无焦黑，具有奶香味、甜咸适中、不粘牙。

模块三 巧克力糕点制作

学习目标

了解巧克力糕点的主要原料。
掌握巧克力糕点的调制方法。
能够对巧克力糕点进行成形。
能够对巧克力糕点进行成熟。
能够用夹层、抹面、卷制、切割、裱挤等手法对巧克力糕点进行装饰。

一、巧克力糕点的调制

1. 巧克力清蛋糕的调制

巧克力清蛋糕也称巧克力乳沫类蛋糕。巧克力清蛋糕分为戚风蛋糕和海绵蛋糕。

（1）巧克力清蛋糕的用料。巧克力清蛋糕的用料包括面粉、白砂糖、盐、蛋、油脂、稀奶油、可可粉等。

（2）巧克力清蛋糕的制作方法

1）巧克力戚风蛋糕的制作方法。搅拌对巧克力戚风蛋糕成品质量影响很大。一般巧克力戚风蛋糕的搅拌较其他蛋糕容易，但操作过程中稍有疏忽将导致材料搅拌不均匀，会使面粉结块或破坏已打发的蛋白气泡，使蛋糕出炉后发生收缩。巧克力戚风蛋糕的搅拌工艺如图 2–3–1 所示。

2）巧克力海绵蛋糕的制作方法。选用新鲜鸡蛋来做巧克力海绵蛋糕是最重要的条件。巧克力海绵蛋糕使用全蛋搅拌法，即用全蛋搅拌起泡。要使全蛋在搅拌时容易起泡，必须先将蛋液隔水加温，蛋黄受热后可降低其黏稠性，易于形成乳化液。

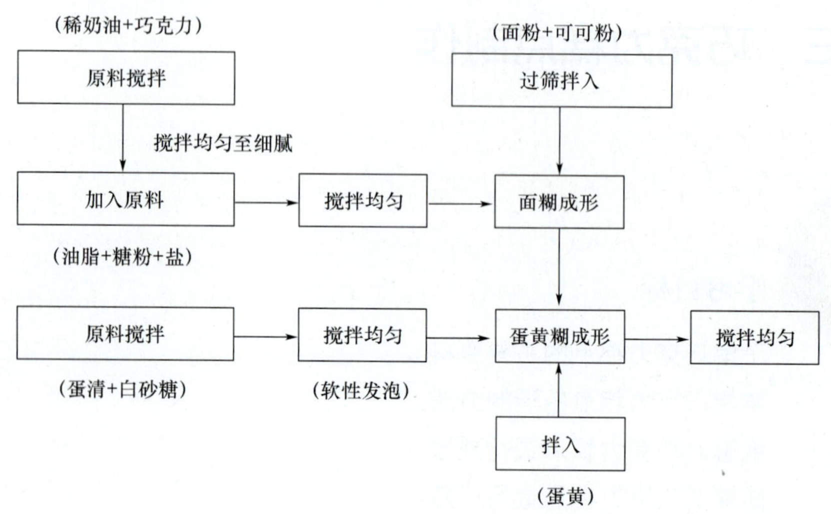

图 2–3–1 巧克力戚风蛋糕的搅拌工艺

（3）注意事项

1）面粉筋度的高低影响蛋糕组织。如想使巧克力清蛋糕的组织细腻，可用 10% ~ 20% 的玉米淀粉代替低筋粉。玉米淀粉必须过筛两次以上，并与面粉拌和均匀，否则由于两者比重不一样而将使玉米淀粉沉淀在蛋糕底部，形成坚韧的硬块。

2）配方中使用蛋黄时，蛋黄的比例不要超过总蛋量的 50%。

3）搅拌蛋清时，所用盛器或搅拌缸、拌打器等必须清洁，不含任何油渍，以免影响蛋清的起泡。

4）蛋液温度偏低时，搅拌前将蛋液温度适当加热可以缩短搅拌时间，并且增加面糊的体积（不但使产品数量增加，而且还可以使蛋糕组织松软）。

5）搅拌蛋清的速度同样影响蛋液内空气的进入，建议在搅拌前阶段用快速，在即将完成时改用中速，此时蛋液内保存的空气较多，而且分布均匀。

6）配方内添加 5% 的柠檬汁可以更好地发挥蛋液的起泡性。柠檬汁可在蛋液搅拌的同时加入。如果配方中柠檬汁超过 5%，则超过部分的柠檬汁应在搅拌蛋液的后阶段加入。

7）蛋液搅拌要适度，蛋液搅拌过度会使烤好的蛋糕组织干燥。蛋液的搅拌标准为：用手指把打发的蛋液勾起，如蛋液停留在手指上形成尖峰状而不向下流，则表示搅拌太久；如蛋液能在手指上停留 2 s 左右，然后缓慢地从手指间流出，则是恰到好处。

8）烘烤中的蛋糕不可从炉中取出或受震动。

2. 巧克力油蛋糕的调制

巧克力油蛋糕也称巧克力面糊类蛋糕。

（1）巧克力油蛋糕原料的选用。面粉为制作蛋糕最主要的原料，油蛋糕使用的面粉应为低筋粉。糖在蛋糕内的功能除了供给应有的甜味外，同时还可增加蛋糕的柔软性，因为糖能使面粉内蛋白质变柔软，使面糊更为柔滑湿润。

在蛋糕配方中使用油脂时应考虑油是一种柔性原料，其在蛋糕内应有适当的用量。

蛋具有膨大作用，是蛋糕的主要膨大原料之一，也是组成蛋糕体积的主要成分。同时，蛋内含有 75% 的水分，可以提高蛋糕的含水量。

使用牛奶时，要了解牛奶中水和固形物的含量，以控制配方中的水量。

（2）巧克力油蛋糕的调制方法（见表 2–3–1）

表 2–3–1　巧克力油蛋糕的调制方法

调制方法	优点	制作工艺
糖油搅拌法（见图 2–3–2）	烘烤出来的蛋糕体积较大，组织松软	糖油搅拌后分次加入蛋液，最后加入面粉搅拌均匀
粉油搅拌法	烘烤出来的蛋糕组织细密、松软	面粉和油脂搅拌后加入糖，最后加入蛋液
全料调制法	节省人工和缩短搅拌时间，比其他调制法更方便	将所有原料一次加入搅拌

（3）注意事项

1）巧克力要用稀奶油加热调制后加入，否则面糊易发生游离现象。

2）油脂与糖打松后分次加入蛋黄，要搅拌均匀搅拌透。

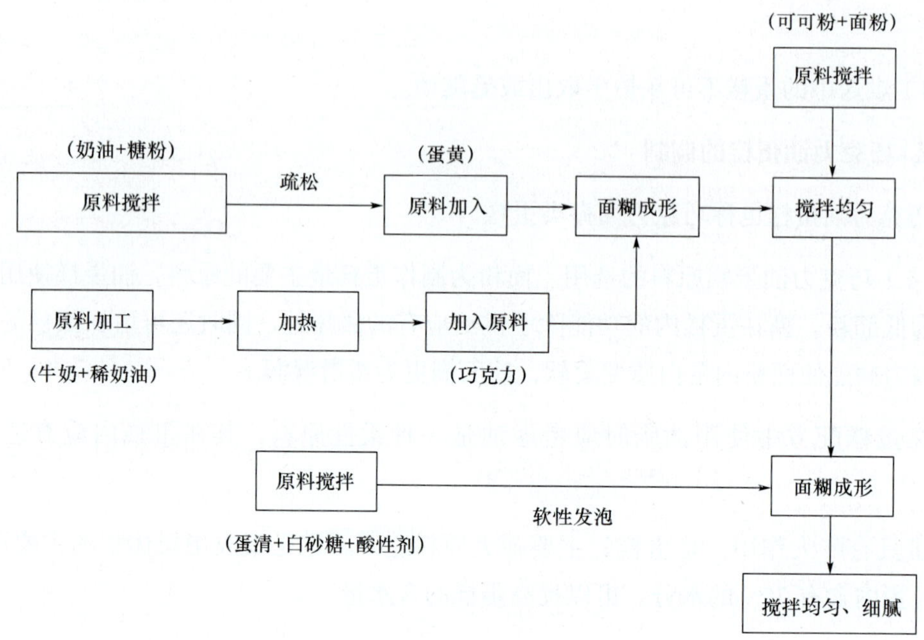

图 2–3–2　巧克力油蛋糕的搅拌工艺

3）面粉与可可粉要过筛后拌入，以防可可粉结块。

4）可以加入可烘烤巧克力粒以增加蛋糕的风味。

5）根据巧克力的甜度及使用量控制糖的用量。

6）搅拌蛋清时，所有盛器或搅拌缸、拌打器等必须清洁，不含任何油渍，以免影响蛋清的起泡。

7）注意面糊搅拌量和搅拌方法，应使用新鲜的原料。

8）注意搅拌缸底的原料也应随时搅拌均匀。

9）加入面粉后不可搅拌过久，以免上筋影响成品质量。

10）面糊搅拌后应马上入炉烘烤，如因故无法马上入炉则在入炉时要将面糊稍加搅动。

11）注意配方平衡，采用规定的搅拌方法。

12）注意烤炉温度，蛋糕在进出炉或烘烤过程中应避免震动。

3. 巧克力混酥类糕点面团的调制

（1）巧克力混酥类糕点制作工艺。在制作巧克力混酥类糕点时，可以在烘烤前放入巧克力，也可以在烘烤后用巧克力装饰。

1）烘烤前加入巧克力。巧克力饼干制作时，通常在烘烤前加入巧克力，其搅拌工艺流程如图 2–3–3 所示。

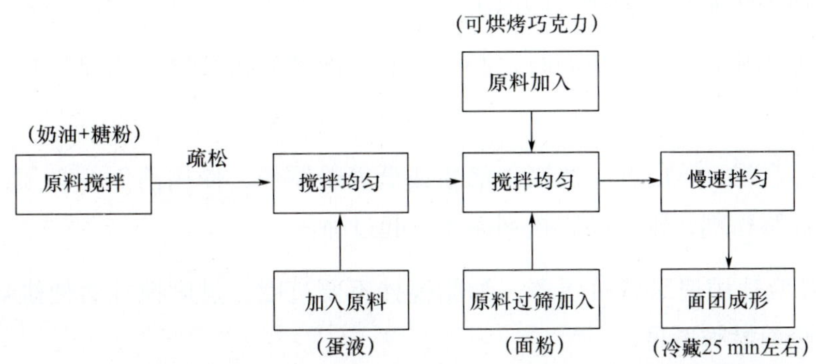

图 2–3–3　巧克力饼干的搅拌工艺流程

2）烘烤后用巧克力装饰。烘烤后用巧克力装饰的工艺流程如图 2–3–4 所示。

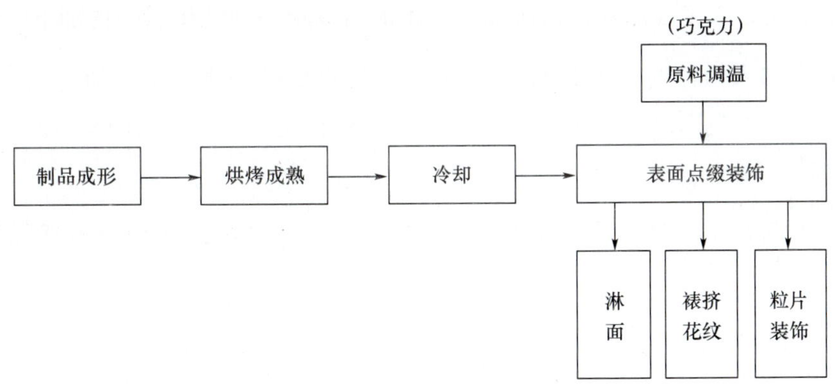

图 2–3–4　烘烤后用巧克力装饰的工艺流程

（2）巧克力混酥类糕点调制方法。巧克力混酥类糕点有糖油搅拌法、粉油搅拌法两种调制方法。

（3）巧克力混酥类糕点的调制原理

1）面团的疏松性。面团的疏松性是指面团调制后的质感。混酥类面团的疏松性主要是由面团中面粉、油脂等原料性质决定的。搅拌时面粉颗粒被油脂包围，颗粒与颗粒之间距离随着搅拌的不断进行而加大，中间充满了空气。

2）面团的酥松性。面团的酥松性是指面团烘烤后的口感。混酥类面团烘烤时，颗粒空隙中的空气受热膨胀，油脂和面粉受热发生变化，使制品口感酥松可口。

（4）注意事项

1）烘烤前加入的巧克力粒或巧克力片必须是可烘烤的巧克力。如果是调温好的巧克力，则先要用稀奶油与巧克力一起调制成软质巧克力后再使用，否则巧克力会很快凝固结晶而影响面团（面糊）的质量。

2）巧克力用于烘烤后装饰时，必须等制品冷却后再装饰，以免影响巧克力的凝固度。

3）巧克力混酥类糕点应选用中筋粉或低筋粉制作，使用前面粉必须过筛。如果需要放入食品膨松剂，则食品膨松剂需要一起过筛。

4）搅拌应选用扁平状打蛋器，油脂搅拌不要过度，过度搅拌会使烘烤成熟后的制品酥松有余而酥脆不足。

5）加入蛋液时，蛋液的温度应与油、糖的温度接近，否则搅拌时会出现油脂和蛋液分离现象。

6）蛋液应分次慢慢加入，每次加入的蛋液与油脂完全乳化后，再加下一次蛋液。

7）分次加入蛋液时，要把粘在搅拌缸边上的原料（糖、油）刮进去搅拌均匀。操作温度低时，可用喷火枪加热搅拌缸外壁，把粘在搅拌缸边上的原料（糖、油）熔化，使搅拌更加均匀。

8）手工调制操作时，手法要干净利索，不能反复揉搓，防止面团开裂和面粉产生筋力。

9）原料搅拌时间不要过长，避免面团渗油造成后期制作困难。

10）面团搅拌后，可用折翻等方法成团，略压扁并用保鲜膜包裹，松弛后再操作。如果气温高，应冷藏松弛。

11）将调制好的混酥面团放入冰箱备用，目的是使面团内部水分能充分均匀地吸收，促使油脂凝固，易于面坯成形，并使面团得到松弛。

二、巧克力糕点的成形

1. 巧克力清蛋糕的成形

（1）蛋糕模具种类

1）常用蛋糕模具。巧克力清蛋糕的成形可以使用常用蛋糕模具。常用蛋糕模具

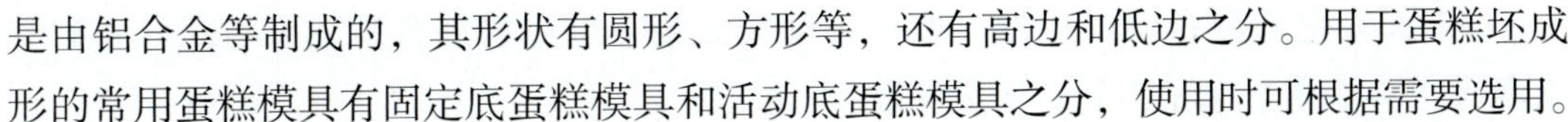

是由铝合金等制成的，其形状有圆形、方形等，还有高边和低边之分。用于蛋糕坯成形的常用蛋糕模具有固定底蛋糕模具和活动底蛋糕模具之分，使用时可根据需要选用。

2）一次性耐烤纸质模。根据品种的需要，还可以选择一次性耐烤纸质模进行巧克力清蛋糕的成形。

（2）蛋糕成形方法。蛋糕成形一般要借助模具来完成，蛋糕原料经过搅拌后即可装入模具，用刮板刮平后入炉烘烤。蛋糕坯的整体形状由蛋糕模具的形状决定，为了保证蛋糕成形的质量，应注意以下几点。

1）模具的选择方法。常用蛋糕模具由铝合金等制成，选用模具时要根据产品的特点及需要灵活选择。例如，面糊中油脂含量较高，制品不易成熟，选择模具时不宜过大；海绵蛋糕面糊中油脂成分少，组织松软，容易成熟，选择模具的范围比较广。

2）面糊的灌浆标准。蛋糕面糊的填充量由模具大小决定。蛋糕面糊的填充量一般以模具的七八成满为宜。蛋糕类制品在成熟过程中会继续膨胀，如果蛋糕面糊填充量过多，加热后容易使蛋糕面糊溢出模具，既影响产品的外形美观，也会造成蛋糕面糊料的浪费。若模具中蛋糕面糊填充量过少，在成熟过程中坯料水分挥发过多，也会影响蛋糕的松软度。

3）抹面的要求。抹面是将调制好的糊状原料平铺后抹制均匀平整的过程。抹面时，可以用刮板或刮刀将烤盘四周面糊刮平，表面不可以有凹凸感。

2. 巧克力油蛋糕的成形

（1）成形的准备工作

1）圆形蛋糕。模具内侧用毛刷抹上一层薄薄的油脂，倒入适量的高筋粉，摇晃模具将高筋粉均匀地铺撒在抹有油脂的部分，将多余的面粉倒出。模具四周也可以喷脱模油。

2）方形蛋糕。烤盘铺纸适用于烘烤方形蛋糕。取烤盘纸对折，从纸的两头斜剪 3 cm 左右的口子，这样烤盘纸铺在烤盘内不易滑动，便于紧贴在烤盘上，同时也使蛋糕容易脱模。

（2）巧克力油蛋糕的夹层

1）生坯成形。生坯成形一般要借助模具来完成，蛋糕原料经过搅拌后即可装入模具，用刮板或刮刀刮平后入炉烘烤。

2）面糊色彩混合调配成形。取一小部分面糊与可可粉混合后，再与部分面糊交叉混合，夹在剩余面糊中间，形成花纹。

3）裱挤成形。将调制好的面糊装入装有裱花嘴的裱花袋中，直接裱挤到烤盘上，然后进行烘烤成熟。可以利用不同的裱花嘴，裱挤不同花纹、形状和大小的生坯。裱挤成形具有简洁实用、成形速度快的特点。

3. 巧克力混酥类糕点的成形

（1）刻模成形。将调制好的面坯压平，放入冰箱冷冻数小时后搅拌至微软，再继续擀平，最后压模刻制成形。

（2）推压成形。将搅拌好的面坯分割后搓圆，用手、工具或餐具推压成形。

（3）切割成形。用刀具或机器对冷冻的面坯进行切割成形。

三、巧克力糕点成熟

1. 巧克力清蛋糕的成熟

（1）烘烤工艺。清蛋糕的比重约为 0.38。如果蛋白在搅拌时始终保持湿性发泡状态，则拌好后的面糊比重保持在 0.38 ± 0.01。面糊的装盘量为烤盘容量的 2/3。依据各类蛋糕制品的大小厚薄，设定烘烤温度和时间。

（2）成熟鉴定方法。测试蛋糕是否成熟时，可将模具稍取出，用手指平面处轻轻探测蛋糕表面中央部位，如已有坚实感觉即已熟透，应马上从炉中取出，如按下仍有软软流动或者沙沙的感觉即未熟透，应再烘烤适当时间。

（3）质量问题原因

1）蛋糕出炉收缩

①烘烤时间太久，导致水分损耗太多。

②烘烤温度太高或太低。

③蛋清搅拌太久，失去应有的韧性和弹性。

2）蛋糕内部有大气孔

①蛋白搅拌过久导致面粉拌和不均匀或面糊太干，使蛋糕内部有生粉或形成气孔。

②蛋白或面糊温度过高，易使蛋糕组织产生空洞。

③干性原料未搅拌均匀，在面糊中留有未溶解的糖或面粉颗粒，导致不规则空洞。

2. 巧克力油蛋糕的成熟

（1）烘烤原理。蛋糕面糊灌入模具入炉烘烤时，烤炉中的热作用改变了蛋糕面糊的理化性质，使原来流动状的面糊黏稠体转变成具有固定组织结构的凝胶体，蛋糕内部组织形成多孔洞的糕糊状结构，使蛋糕松软而有一定的弹性。面糊外表皮层在高温烘烤下，糖发生焦化反应，颜色逐渐加深，形成悦目的棕黄色泽。同时，蛋液中的蛋白质受热凝固，将糊化的淀粉黏合在一起，形成柔软湿润的状态。

（2）成熟鉴定方法。测试蛋糕是否熟透时，可将模具稍取出，用手指在蛋糕表面裂开处探测，如裂开处的面糊坚实干燥而不粘手表示已烤熟，应立即从炉内取出。也可将牙签或其他竹签插入蛋糕中央，拔出后如果没有黏附的面糊，说明已经成熟。

3. 巧克力混酥类糕点的成熟

（1）巧克力混酥类糕点在烘烤中的变化。巧克力混酥类糕点在烘烤中一般经历膨胀、定型、脱水、上色等阶段。

（2）烘烤对巧克力混酥类糕点质量的影响。烘烤时间与烘烤温度有密切关系。一般烘烤温度低则烘烤时间长，烘烤温度高则烘烤时间短。烤炉温度和时间适当，制品上色均匀，有光泽。

1）烘烤时间对巧克力混酥类糕点质量的影响。烘烤时间的长短是影响成熟的重要因素。烘烤时间太长，会造成颜色过深，甚至出现焦煳现象；烘烤时间过短，内部未完全成熟，外表颜色过浅，也将影响质量。

2）烘烤温度对巧克力混酥类糕点质量的影响。烘烤温度受质量、大小、配方中原料的性质等多方面的影响。糖在受热过程中会产生焦化作用，使制品颜色变成金黄色，因此在烘烤时要严格控制烘烤温度。过高的温度会使糖产生焦化，着色加快，导致出现内部夹生、外部颜色过深的现象；温度过低，制品上色差，无光泽，口感粗糙。

四、巧克力糕点装饰

巧克力糕点装饰材料包括打发的巧克力植脂奶油、调制的巧克力奶油膏、软质巧克力、巧克力酱、巧克力装饰件等。

1. 巧克力糕点的裱挤装饰

（1）裱挤工具。裱挤工具包括裱花嘴、裱花袋、花针、花嘴转换器、取花器、玉米托、纸袋等。

（2）工艺要求。准备好需要装饰的所有糕点坯，将装饰材料装入裱花袋中用手挤压，使装饰材料从裱花嘴中挤出，形成各种各样的线条。裱挤的线条要求平整、光滑。

2. 巧克力糕点的切割装饰

（1）切割工具和设备。切割工具和设备包括刀具、模具、切割成形机等。

（2）手工切割工艺。手工切割用于面团、半成品等的切片成形。先将调制好的面团用纸包起来放入冰箱冷冻 0.5 ~ 1 h，使其变微硬；然后取出面团用手搓成圆柱状后放入冰箱冷冻变硬；最后从冰箱中取出面团，用刀切割成 1 cm 左右厚的片状蛋糕坯。

（3）机器切割工艺。机器成形是在手工成形的基础上发展起来的，是传统手法的工业化。目前，西式面点中机器成形的品种较多，近年来发展较快。常见的糕点机器切割成形有压延、切片、浇模、辊印、包馅等。

3. 巧克力糕点的卷制装饰

（1）卷制的工具。卷制的工具包括牛角刀、锯齿刀、不锈钢平网盘、不锈钢盆、打蛋器等。

（2）卷制的方法。手工卷制是将蛋糕坯料置于铺油纸的操作台上，涂抹馅料后借助擀面杖双手抬高向前推动卷制成形。卷制成形后可以制成许多花色和品种的巧克力卷筒蛋糕。卷制成形分为单向卷制和双向卷制。

4. 巧克力糕点的抹制装饰

（1）抹制的工具。抹制的工具包括抹刀、橡胶刮刀、塑料刮片、转台等。

（2）抹制的方法。抹制是对巧克力糕点做进一步装饰的基础。巧克力糕点在装饰之前必须在表面和四周均匀平整地涂抹奶油膏或软质巧克力，为淋面造型创造有利的条件。

（3）抹制的要求。抹制时，动作要平稳，用力要均匀，要准确掌握抹制工具的使用角度，使制品表面光滑平整。

● 制作实例 ●

巧克力西番尼

1. 原料配方

项目	原料名称	烘焙百分比
面糊	低筋粉	100.00%
	蛋液	100.00%
	细砂糖	100.00%
	泡打粉	5.00%
	黄油	50.00%
馅料	花生酱	适量
装饰	巧克力酱	适量

2. 制作条件

烘烤：上火温度 180 ℃、下火温度 160 ℃、时间 12 min。

3. 操作步骤

① 用糖油搅拌法制成面糊

② 模具置于平整的不粘布上

③ 面糊放入模具内

④ 刮平整形

⑤ 脱模

⑥ 放入烤盘

⑦ 入炉烘烤成熟

⑧ 热切割

⑨ 将花生酱均匀地涂抹在三片蛋糕的表面

⑩ 四片重叠在一起

⑪ 用巧克力酱淋面

⑫ 抹平巧克力酱

⑬ 裱挤巧克力酱拉丝装饰

⑭ 切割成形

4. 小贴士

（1）成形后的面坯要尽快进行烘烤，防止面坯软化出油。

（2）放在烤盘上的面坯互相之间要留出合适的距离，防止烘烤时粘连。摆盘距离要均等，烘烤后才能上色均匀。

（3）制面坯时，要用力均匀使面坯厚薄一致，动作熟练一气呵成使面坯保持形态端正。

（4）馅料使用原味花生酱，防止口味过甜。

（5）模具尺寸一般为 20 cm × 30 cm，面糊重量为 650 g 左右。

5. 质量标准

成品层次分明，软硬适中、略带松脆，花生酱香味浓郁。

巧克力牛利

1. 原料配方

项目	原料名称	烘焙百分比
面糊	低筋粉	100.00%
	蛋黄	80.00%
	细砂糖①	9.00%
	牛奶	90.50%
	细砂糖②	50.00%
	蛋清	45.00%
	细砂糖③	30.00%
馅料	稀奶油	适量
装饰	巧克力酱	适量

2. 制作条件

烘烤：上火温度 190 ℃、下火温度 170 ℃、时间 15 min。

3. 操作步骤

① 蛋黄、细砂糖①搅拌松发，将牛奶、细砂糖②一起加热后加入搅拌均匀（蛋黄糊）

② 蛋清、细砂糖③搅打至干性发泡（蛋白膏）

③ 1/2 蛋白膏加入蛋黄糊中搅拌均匀

④ 加入低筋粉搅拌均匀

⑤ 加入剩余的蛋白膏搅拌均匀

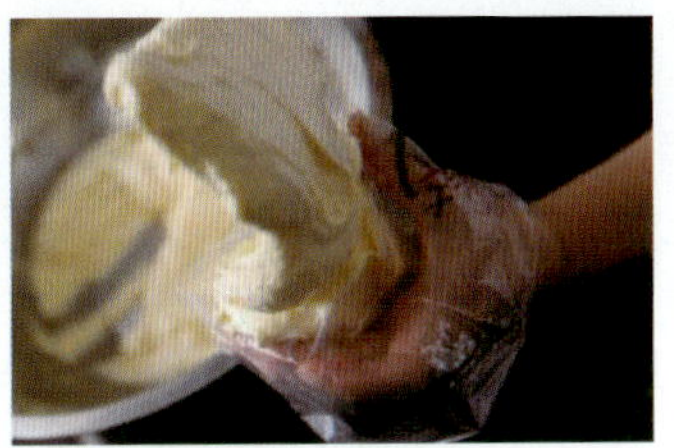

⑥ 面糊装入裱花袋

⑦ 裱挤成手指状

⑧ 入炉烘烤成熟

⑨ 蘸巧克力酱

⑩ 挤上打发好的稀奶油

⑪ 两片合起来

4. 小贴士

（1）裱花袋中裱挤料的装入量要适宜。装入过多或过少都会影响手的运动和用力的程度。

（2）装好裱挤料后，需挤出裱花袋中的空气，使裱花袋结实硬挺，便于裱挤。

（3）裱挤时的操作姿势与手法要准确，用力要均匀，双手配合要默契，动作要轻柔灵活。

5. 质量标准

成品手指形、大小一致、厚薄均匀，表面淡棕黄色、巧克力光亮，具有巧克力味、甜度适中，坯料内质松软、气孔均匀。

巧克力金字塔蛋糕

1. 原料配方

项目	原料名称	烘焙百分比
面糊	蛋清	200.00%
	低筋粉	100.00%
	蛋黄	100.00%
	糖粉	33.00%
	可可粉	25.00%
	黑巧克力	43.00%
	水	82.00%
	色拉油	54.80%
	细砂糖	100.00%
	塔塔粉	适量
馅料	奶油	100.00%
	细砂糖	50.00%
	水	17.00%
	蛋黄	25.00%
	朗姆酒	适量
装饰	巧克力酱	适量

2. 制作条件

烘烤：上火温度 190 ℃、下火温度 170 ℃、时间 15 min。

3. 操作步骤

① 水烧开后加入可可粉、糖粉、色拉油，搅拌均匀后加入融化的黑巧克力

② 加入蛋黄搅拌均匀

③ 加入低筋粉搅拌成巧克力面糊

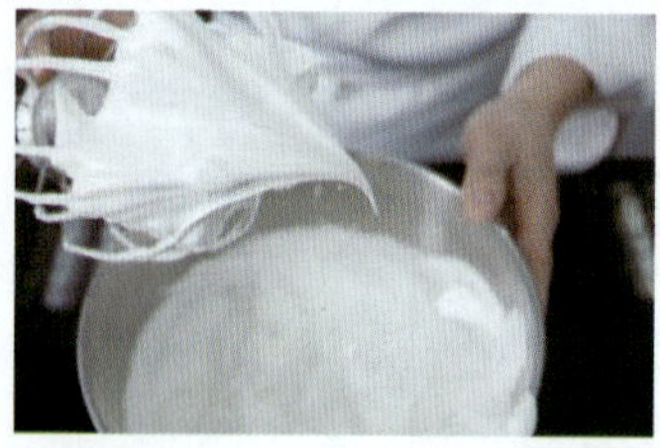

④ 蛋清加入细砂糖、塔塔粉打发成蛋白膏

⑤ 蛋白膏加入巧克力面糊中搅拌均匀

⑥ 入模抹平

⑦ 入炉烘烤成熟

⑧ 去除蛋糕坯垫纸

⑨ 冷却后分割为四块

⑩ 馅料调制后，夹三层馅料

⑪ 切割成两个直角三角形蛋糕坯

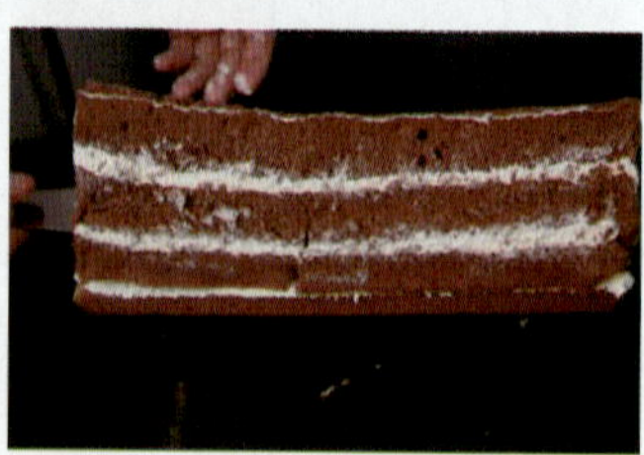

⑫ 将两个直角三角形蛋糕坯组合起来

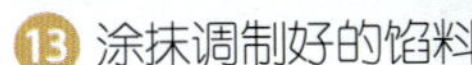
⑬ 涂抹调制好的馅料

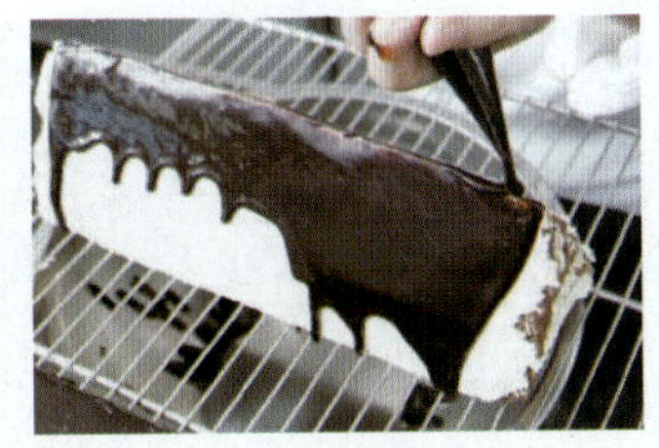
⑭ 巧克力酱淋面

⑮ 冷却后切割分块

4. 小贴士

（1）搅拌蛋清时，所用盛器或搅拌缸、拌打器等必须清洁，不含任何油渍，以免影响蛋清起泡。

（2）搅拌蛋清的速度同样影响蛋液内空气的进入，建议在搅拌前阶段用快速，在即将完成时改用中速，此时蛋液内保存的空气较多，而且分布均匀。

5. 质量标准

成品表面光亮，形状为等腰三角形，蛋糕坯口感松软、巧克力味浓郁、奶油味丰富、略带朗姆酒清香。

巧克力沙哈蛋糕

1. 原料配方

项目	原料名称	烘焙百分比
面糊	黄油	100.00%
	细砂糖①	50.00%
	可可粉	0.50%
	蛋黄	80.00%
	黑巧克力	133.30%
	杏仁粉	100.00%
	低筋粉	50.00%
	蛋清	100.00%
	细砂糖②	50.00%
馅料	黄梅果酱	适量
装饰	软质巧克力	适量
	巧克力酱	适量
	巧克力片	适量

2. 制作条件

烘烤：上火温度 180 ℃、下火温度 160 ℃、时间 35 min。

3. 操作步骤

① 黑巧克力融化后加入黄油搅拌成巧克力糊

② 蛋黄与细砂糖①隔水加热溶解搅拌成蛋黄糊

③ 将蛋黄糊、巧克力糊搅拌均匀

④ 加入过筛后的低筋粉、可可粉、杏仁粉制成巧克力面糊

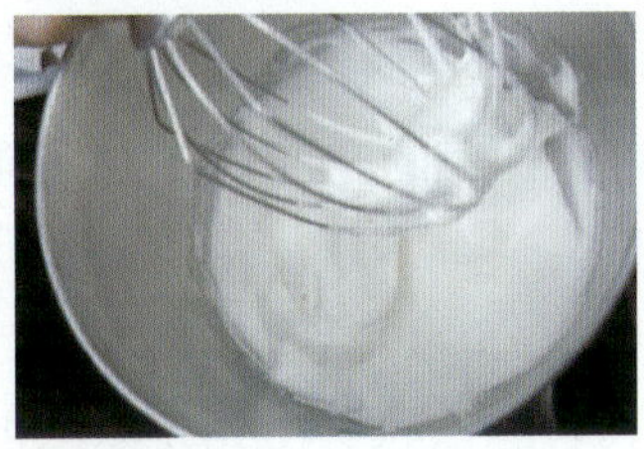

⑤ 蛋清与细砂糖②打发至湿性发泡（蛋白膏）

⑥ 将蛋白膏、巧克力面糊搅拌均匀

⑦ 入模

⑧ 入炉烘烤成熟

⑨ 冷却后脱模

⑩ 将蛋糕坯分层

⑪ 涂抹黄梅果酱馅料

⑫ 蛋糕坯覆盖在上面

⑬ 用软质巧克力抹面

⑭ 用巧克力酱淋面

⑮ 蛋糕分割成 6 等份，并用巧克力片装饰

4. 小贴士

（1）搅拌蛋清时，所用盛器或搅拌缸、拌打器等必须清洁，不含任何油渍，以免影响蛋清的起泡。

（2）搅拌蛋清的速度同样影响蛋液内空气的进入，建议在搅拌前阶段用快速，在即将完成时改用中速，此时蛋液内保存的空气较多，而且分布均匀。

5. 质量标准

成品表面光洁、圆润光滑，口感松软、巧克力味浓郁、带有黄梅果酱味。

巧克力卷筒蛋糕

1. 原料配方

项目	原料名称	烘焙百分比
面糊	低筋粉	100.00%
	蛋清	200.00%
	蛋黄	100.00%
	糖粉	33.00%
	黑巧克力	30.00%
	可可粉	26.00%
	水	82.00%
	色拉油	54.80%
	细砂糖	100.00%
	塔塔粉	适量
装饰	黑巧克力酱	适量
	稀奶油	适量
	糖粉	适量

2. 制作条件

烘烤：上火温度 180 ℃、下火温度 160 ℃、时间 15 min。

3. 操作步骤

① 水烧开后加入可可粉、糖粉、色拉油，搅拌均匀后加入融化的黑巧克力

② 加入蛋黄搅拌均匀

③ 加入低筋粉搅拌成巧克力面糊

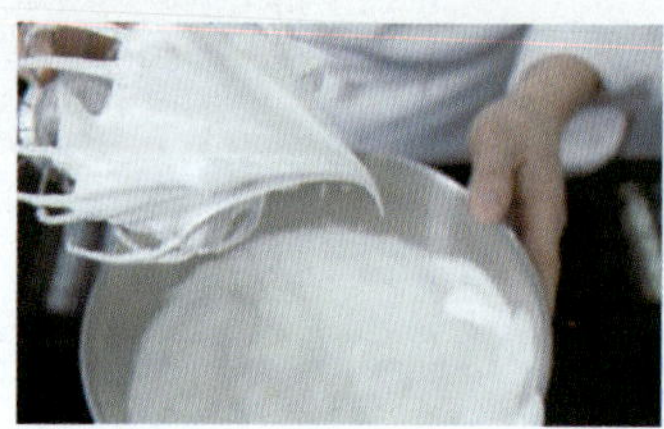

④ 蛋清加入细砂糖、塔塔粉打发成蛋白膏

⑤ 蛋白膏加入巧克力面糊中搅拌均匀

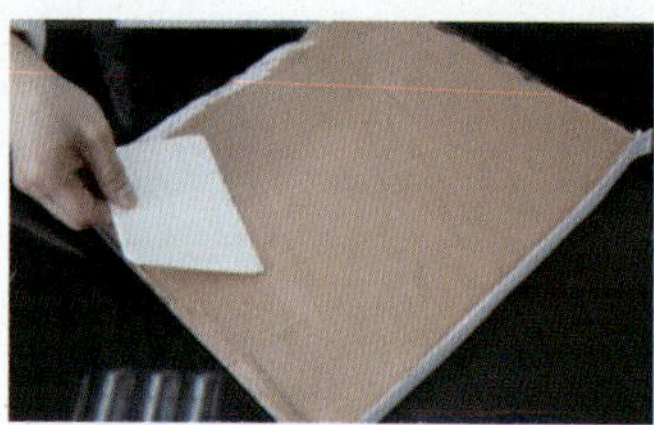

⑥ 入模抹平

⑦ 入炉烘烤成熟

⑧ 脱模后用打发好的稀奶油抹面

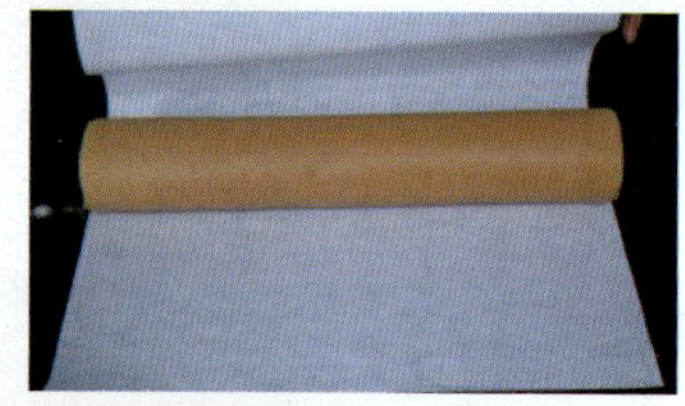

⑨ 卷制后冷藏定型

⑩ 淋黑巧克力酱

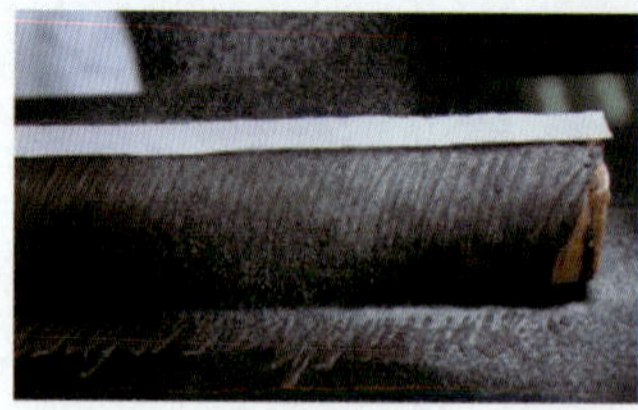

⑪ 用糖粉装饰表面

⑫ 切割成形

4. 质量标准

成品形状圆整，表面光洁无裂缝，巧克力味浓郁。

巧克力杏仁蛋糕

1. 原料配方

项目	原料名称	烘焙百分比
面糊	黑巧克力	150.00%
	黄油	120.00%
	牛奶	5.00%
	细砂糖	112.00%
	蛋液	150.00%
	泡打粉	适量
	杏仁粉	56.00%
	低筋粉	100.00%
装饰	糖粉	适量
	奶油膏	适量
	巧克力酱	适量
	杏仁片	适量

2. 制作条件

烘烤：上火温度 180 ℃、下火温度 160 ℃、时间 35 min。

3. 操作步骤

① 黄油和细砂糖搅拌均匀

② 分次加入蛋液制成黄油膏

③ 黑巧克力融化后加入牛奶制成热巧克力

④ 热巧克力拌入黄油膏

⑤ 加入过筛后的低筋粉、泡打粉和杏仁粉

⑥ 入模

⑦ 入炉烘烤成熟

⑧ 冷却后脱模

⑨ 将蛋糕坯分层并用奶油膏夹馅

⑩ 用奶油膏抹面

⑪ 用巧克力酱淋面

⑫ 分割成 6 等份

13 表面用糖粉、杏仁片装饰

4. 小贴士

（1）蛋糕需要完全冷却后再夹馅，否则夹层馅料会因为温度太高而融化。

（2）抹面时，蛋糕坯放置在转台正中间以免偏离中心，避免抹面不圆整。

（3）转动转台时要按一个方向旋转，转速要均匀，并与抹刀配合，掌握好缓急。

5. 质量标准

成品大小相同、表面光洁，口感湿润蓬松、巧克力味浓郁、奶香味丰富。

香醇黑巧克力蛋糕

1. 原料配方

项目	原料名称	烘焙百分比
面糊	低筋粉	100.00%
	泡打粉	适量
	蛋黄	87.00%
	细砂糖①	47.00%
	黄油	91.00%
	黑巧克力	167.00%
	可可粉	43.00%
	蛋清	170.00%
	细砂糖②	100.00%
馅料	软质巧克力	适量
装饰	软质巧克力	适量
	巧克力酱	适量

2. 制作条件

烘烤：上火温度 180 ℃、下火温度 160 ℃、时间 35 min。

3. 操作步骤

① 黑巧克力融化后加入黄油搅拌成巧克力糊

② 蛋黄与细砂糖①隔水加热溶解搅拌成蛋黄糊

③ 将蛋黄糊、巧克力糊搅拌均匀

④ 加入过筛后的低筋粉、可可粉、泡打粉制成巧克力面糊

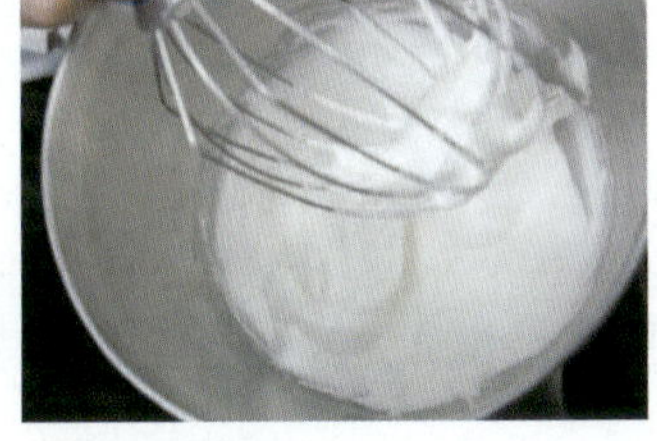
⑤ 将蛋清与细砂糖②打发至湿性发泡（蛋白膏）

⑥ 将蛋白膏、巧克力面糊搅拌均匀

⑦ 入模

⑧ 入炉烘烤成熟

⑨ 冷却后脱模

⑩ 将蛋糕坯分层

⑪ 涂抹软质巧克力馅料

⑫ 蛋糕坯覆盖在上面

⑬ 用软质巧克力抹面

⑭ 用巧克力酱淋面

⑮ 蛋糕分割成 6 等份

⑯ 裱挤软质巧克力装饰

4. 小贴士

（1）蛋清温度为 25 ℃时胶体性能最佳，发泡性和持气性较好。蛋清温度过高或过低都会影响泡沫的形成。

（2）面糊装入模具后轻轻敲打一下模具，让蛋糕面糊内的气泡均匀稳定。

（3）蛋糕面糊搅拌后应及时入模并烘烤，否则会使泡沫沉淀而导致蛋糕膨胀性差。

5. 质量标准

成品内质松软、组织细腻、富有弹性，具有香浓巧克力味。

巧克力戚风蛋糕

1. 原料配方

项目	原料名称	烘焙百分比
面糊	低筋粉	100.00%
	可可粉	15.00%
	水	68.80%
	泡打粉	3.75%
	糖粉	50.00%
	蛋黄	87.50%
	色拉油	81.20%
	蛋清	175.00%
	白砂糖	100.00%
	塔塔粉	适量
装饰	巧克力酱	适量
	奶油膏	适量

2. 制作条件

烘烤：上火温度 190 ℃、下火温度 170 ℃、时间 22 ～ 25 min。

3. 操作步骤

① 水烧开后加入可可粉、糖粉、色拉油搅拌均匀

② 加入蛋黄搅拌均匀

③ 加入过筛的泡打粉、低筋粉搅拌成巧克力面糊

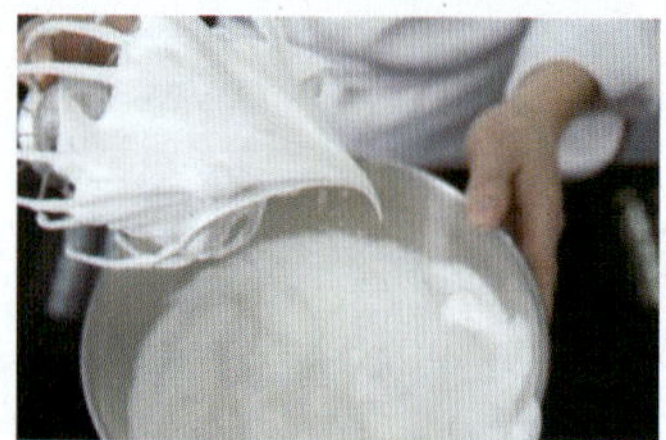

④ 将蛋清、塔塔粉与白砂糖打发成蛋白膏

⑤ 蛋白膏与巧克力面糊搅拌均匀

⑥ 入模

⑦ 入炉烘烤成熟

⑧ 倒扣冷却

⑨ 脱模并切割分层

⑩ 用奶油膏夹心和抹面

⑪ 用巧克力酱淋面

⑫ 分割成 6 等份并用巧克力酱装饰

4. 小贴士

（1）蛋清搅拌要适度，搅拌太久会失去应有的韧性和弹性，导致蛋糕收缩。

（2）注意烤盘、模具的清洁，烤盘、模具的清洁卫生关系到产品的质量，烤盘、模具在每次使用后都要擦洗干净并烘干，以备下一次使用。

5. 质量标准

成品组织蓬松有弹性，口味微甜不腻，口感滋润嫩爽。

巧克力布朗尼

1. 原料配方

项目	原料名称	烘焙百分比
面糊	巧克力	100.00%
	黄油	100.00%
	蛋液	68.60%
	细砂糖	80.00%
	盐	0.80%
	低筋粉	40.00%
	核桃仁	43.80%
	泡打粉	0.80%
	可可粉	18.00%
装饰	黑巧克力	适量
	稀奶油	适量
	黄油	适量
	巧克力酱	适量

2. 制作条件

烘烤：上火温度 190 ℃、下火温度 170 ℃、时间 30 min。

3. 操作步骤

① 用双煮法融化巧克力

② 黄油加热融化

③ 蛋液和细砂糖搅拌至糖完全溶解

④ 蛋液中加入融化的巧克力搅拌均匀

⑤ 拌入融化的黄油

⑥ 加入过筛后的泡打粉、低筋粉、可可粉和盐搅拌均匀

⑦ 拌入切碎的核桃仁

⑧ 面糊入模

⑨ 入炉烘烤成熟，冷却后脱模

⑩ 稀奶油、黄油及黑巧克力调制成软质巧克力

⑪ 用软质巧克力抹面

⑫ 用巧克力酱淋面

⑬ 切割成 6 等份

4. 小贴士

（1）面粉筋度的高低影响蛋糕口感。如想使蛋糕的口感细腻，可用 10% ~ 20% 的玉米淀粉代替低筋粉。

（2）玉米淀粉必须过筛两次以上，并与面粉拌和均匀，否则由于两者比重不一样而将使玉米淀粉沉淀在蛋糕的底部，形成坚韧的硬块。

5. 质量标准

成品口感扎实、湿润、香浓、柔滑细腻，散发出特有的巧克力香味。

巧克力大理石蛋糕

1. 原料配方

项目	原料名称	烘焙百分比
面糊	黄油	100.00%
	细砂糖	100.00%
	蛋液	100.00%
	低筋粉	100.00%
	牛奶	13.30%
	可可粉	4.40%
	开水	适量

2. 制作条件

烘烤：上火温度 185 ℃、下火温度 165 ℃、时间 55 min。

3. 操作步骤

① 细砂糖和黄油用糖油搅拌法搅拌均匀

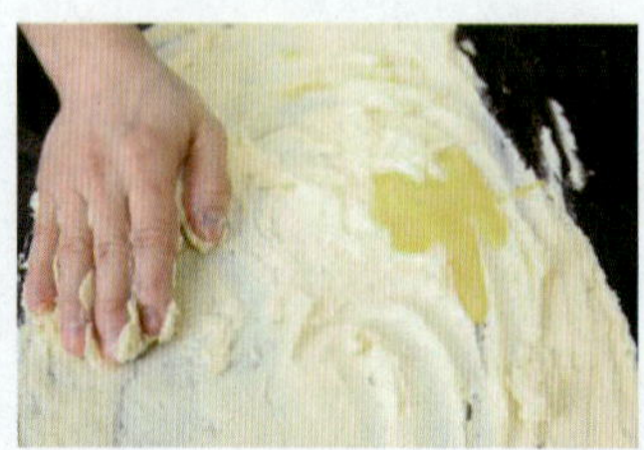

② 分次加入蛋液搅拌均匀

③ 加入牛奶、低筋粉后搅拌成面糊

④ 可可粉用开水调制成可可酱

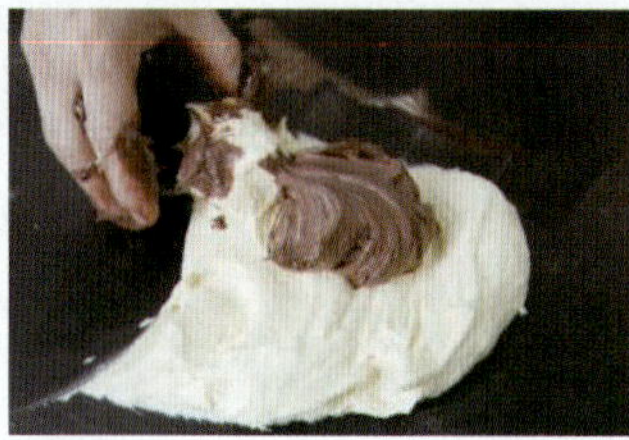

⑤ 取 1/3 面糊与可可酱轻度拌和

⑥ 拌成大理石纹面糊

⑦ 将另 1/3 面糊放入模具底部抹平

⑧ 将大理石纹面糊放入模具并抹平

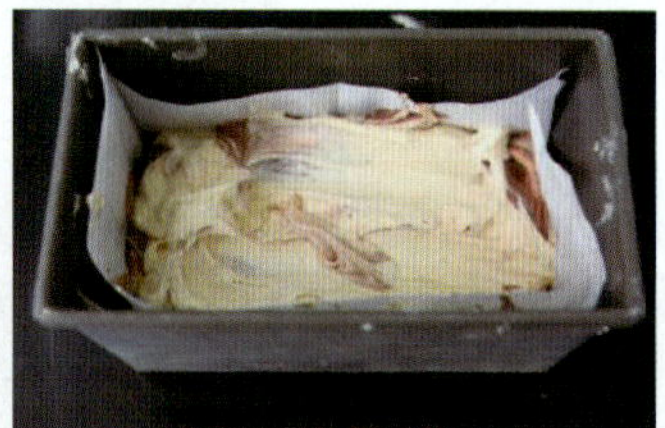

⑨ 将余下的 1/3 面糊放入模具并抹平

⑩ 入炉烘烤成熟

⑪ 热脱模

⑫ 切割成片

4. 小贴士

（1）烘烤温度和时间应根据烤炉性能，以及产品大小、厚薄等具体情况而定。

（2）烘烤温度不宜过高，温度过高容易夹生。

5. 质量标准

成品造型别致，组织柔软，口感细腻、香甜。

模块四　装饰蛋糕制作

学习目标

了解蛋糕装饰的原料种类和性能。
掌握节日蛋糕的制作方法和装饰手法。
能够调制巧克力、果胶等淋面料并进行蛋糕装饰。
能够对蛋糕进行覆面和装饰。
能够制作和装饰多层蛋糕。

一、蛋糕淋面

1. 蛋糕淋面的主要原料（见表 2-4-1）

表 2-4-1　蛋糕淋面的主要原料

原料	特性	使用方法	实例
脆皮巧克力	脆皮巧克力由调温巧克力冷却后形成，黑巧克力、白巧克力、牛奶巧克力、加色巧克力、水果味巧克力等都可以直接融化调制后淋、抹在蛋糕表面进行装饰	一般有两种方法进行淋面操作：一种是将淋面料用抹刀抹平；另一种是用围绕蛋糕四周转圈的方法匀速地淋满蛋糕整体	
软质巧克力	软质巧克力是在黑巧克力中加入稀奶油或牛奶，加热融化而成的巧克力奶油混合物，经常用来作为面包抹酱、泡芙馅料、蛋糕装饰层、饼干夹心等		

续表

<table>
<tr><th>原料</th><th>特性</th><th>使用方法</th><th>实例</th></tr>
<tr><td>果胶</td><td>果胶淋于慕斯蛋糕、奶油蛋糕表面，可以增添光亮效果。果胶涂在水果表面可以使水果水分不易流失。果胶无须加热加水，可以直接调色淋面</td><td rowspan="2">一般有两种方法进行淋面操作：一种是将淋面料用抹刀抹平；另一种是用围绕蛋糕四周转圈的方法匀速地淋满蛋糕整体</td><td></td></tr>
<tr><td>白饰糖（湿白帽）</td><td>白饰糖在软硬度适中的情况下用于装饰蛋糕。将糖粉加入蛋清中搅拌均匀，再加入醋精增白调味制成白饰糖</td><td></td></tr>
</table>

2. 巧克力淋面酱的调制方法

巧克力淋面酱所用原料不同，制作的方法也不相同。

（1）巧克力酱的主要原料是巧克力，加入部分辅料进行调制，一般有加牛奶调制法和加稀奶油调制法两种。

（2）巧克力镜面酱是用光亮剂、可可粉、稀奶油、可可脂、水、糖和明胶熬制而成的。

3. 淋面的质量要求

（1）厚薄要均匀一致。

（2）表面要光滑平整。

4. 注意事项

（1）调制巧克力酱时，稀奶油或牛奶加入后要静置几分钟再进行搅拌，手法要轻，防止空气进入。

（2）熬制巧克力镜面酱时，可可粉和水加入锅中后搅拌速度要快，防止可可粉结块。

二、蛋糕包面

1. 蛋糕包面的定义

蛋糕包面是指先用各种不同原料制作的糖团代替常见的鲜奶油覆盖在蛋糕坯上，再以各种捏塑的动植物等造型来装饰蛋糕。包面蛋糕保存时间较长。

（1）蛋糕包面的工器具。蛋糕包面的工器具一般有蛋糕转台、擀面杖、滚刀、刮刀、刮板、硅胶垫等。

（2）蛋糕包面的基本要求。由于包面糖团比较重，一般的清蛋糕坯难以承受其重量，因此包面的蛋糕坯多选用比较实在的油蛋糕坯。

（3）蛋糕包面的方法。将揉搓光滑的糖团放置松弛后擀成圆片形，用工具取起糖皮，将糖皮覆盖在蛋糕坯上，覆实并去除多余的糖皮后用工具把糖皮刮抹光滑。

（4）蛋糕包面的注意事项。擀制的糖皮厚薄要均匀，将糖皮覆盖在蛋糕坯上时动作要轻柔，防止蛋糕坯上的糖皮开裂。包面要求表面光滑，没有棱角。

2. 包面糖团的种类（见表 2-4-2）

表 2-4-2　包面糖团的种类

种类	特性	制作工艺	实例
杏仁糖团（马司板，marzipan）	杏仁糖团用于制馅、包面、捏制动植物装饰品等。其质地柔软细腻、口味香醇，是制作西式面点的高级原料。目前饭店使用的多是加工好可直接使用的制品	杏仁粉、糖粉过筛后搅拌均匀，加入温水调制成匀滑糖团	
翻糖（方旦糖、风登糖，fondant）	翻糖呈膏状，柔软滑润，洁白细腻，可用于蛋糕包面，以及面包、糕点和蛋糕的表面装饰等	白砂糖、葡萄糖浆、水煮沸后倒在大理石板上，加酸性剂（醋精或柠檬酸）搅拌均匀后反复揉搓成匀滑的糖团	

续表

种类	特性	制作工艺	实例
胶糖团	胶糖团是制作大型西式面点模型展品的主要原料。胶糖团细腻洁白、可塑性好、坚硬结实。胶糖团制品不走形、不塌架，既可食用又能欣赏	明胶用水软化后加入过筛后的糖粉、淀粉搅拌成匀滑糖团	
巧克力糖团	巧克力糖团可捏成各种动物、水果、花朵的造型，也可以作为蛋糕的包面装饰材料	巧克力隔水融化后加入葡萄糖浆，搅拌均匀后反复揉搓成匀滑糖团	

三、多层蛋糕装饰

1. 多层蛋糕装饰的一般用料和装饰手法

两层及以上的蛋糕均称为多层蛋糕。多层蛋糕多用于生日、纪念日、结婚仪式等喜庆场合，按主题要求与品种不同而有多种制作方法与造型。例如，蛋糕表面装饰可使用奶油、稀奶油、白饰糖等，或用杏仁糖团等包面后再淋白饰糖、巧克力等；装饰手法有裱、捏、画、喷、拼摆等；表现方法有蛋糕之间叠层的、用支架支撑叠层的、各层独立而组合的多层蛋糕等。

多层蛋糕的装饰与工艺美术一样都要追求艺术美感，但是其中最大的区别在于多层蛋糕除了具有美感和欣赏价值，更重要的是食用价值，如果一味追求美感而忽视了食用目的，那就丧失了蛋糕本身的意义。

2. 多层祝寿蛋糕和多层婚庆蛋糕的装饰

（1）多层祝寿蛋糕的装饰。多层祝寿蛋糕的装饰要求切合祝寿的主题进行多层蛋糕造型的设计。

（2）多层婚庆蛋糕的装饰。多层婚庆蛋糕的装饰要求运用各种组合造型进行创意制作，体现婚礼主题。

四、节日蛋糕装饰

1. 节日蛋糕装饰构图

确立了蛋糕造型的主题后，进入蛋糕的构图环节。蛋糕装饰是一门综合性、技术性较强的应用学科，是蛋糕和艺术的统一，而蛋糕构图是蛋糕设计最重要的一环。

（1）蛋糕装饰构图的基本方法。蛋糕装饰构图必须掌握疏与密的结构平衡，留有空间，使整个图案没有过度密集或稀疏的视觉感，要达到疏密变化、统一协调的效果。在构思的基础上，要对材料、色泽进行严格的选定。蛋糕装饰构图最好舍弃拥挤、烦琐的装饰，用简洁、明快、典雅的创意艺术引发无限的遐想。

（2）蛋糕装饰构图的注意事项

1）应根据主题进行构图，确立设计的中心内容，忌装饰过重、喧宾夺主。

2）图案设计要符合主题要求，图案要清晰美观。

3）装饰色调要柔和淡雅，色泽要搭配合理。

2. 节日蛋糕的时令品种制作（见表 2-4-3）

表 2-4-3　节日蛋糕的时令品种制作

季节	品种特点	制作工艺	实例
春季	春季是新鲜水果的上市季节，可以充分利用这些新鲜水果制作各种酸甜相宜、美味可口的时令品种	（1）原料创新。除了传统的原料外，更要从营养、健康等方面考虑，引用新的原料，并能一料多用 （2）工艺创新。制作工艺要传承并创新，在传统工艺基础上加以发展，引进新的工艺和制作方法 （3）口味创新。为了迎合现代消费者的需求和季节的特点，低糖、低脂、口味新鲜的蛋糕将有更大的吸引力	

续表

季节	品种特点	制作工艺	实例
夏季	夏季气候酷热，清凉可口的甜点或消暑的冰激凌等是应季的品种	（1）变化多端的组合。以诱发人们味蕾为主导，选用季节适用的原料，经过各种变化、创意的组合，既能补充人体能量的消耗又能解暑 （2）着重口味的变化。在甜而略带酸味中要有变化，在水果、冰激凌中加入乳酪、咖啡、坚果等，可以创造更多浓淡相宜、清凉爽口的新口味	
秋季	秋季是丰收的季节，可用当地的瓜果、蔬菜等新鲜的原料加工制作蛋糕	（1）瓜果原料的选择。用瓜果制作的时令品种有养生、养颜的效果，如用梨、苹果等原料制成的装饰蛋糕不仅接近时尚，而且含有丰富的营养价值，能满足人体的营养需要 （2）成熟方法的选择。秋天适宜冷冻、热制等各种成熟方法，选择面较广	
冬季	冬季到来时，巧克力制品、重油蛋糕、乳酪酥派等热食制品能补充人体所需要的热量，深受消费者欢迎	（1）甜咸相宜。一般冬季以热的乳酪类咸味派或巧克力甜品为主，坚果类的蛋糕也可提供蛋白质、糖类、脂类等营养，起到“冬补”的效果 （2）结合冬季的特点制作冷冻甜品。冬季一般都需要热量，但是选用相应的原料制作有新意、创造性的冷食甜品也未必不可	

3. 西方节日蛋糕装饰

（1）西方传统节日。西方有许多传统节日，重要的节日有与家人和朋友一起欢度的圣诞节、以示万物复苏的复活节、和爱人同享温馨的情人节、庆贺丰收的感恩节等，不同的传统节日都有不同特色的品种配制。

（2）西方节日蛋糕装饰的特点（见表 2–4–4）

表 2–4–4 西方节日蛋糕装饰的特点

节日	装饰的特点	实例
圣诞节	圣诞节蛋糕以圣诞特色元素为主要装饰素材，如圣诞老人、麋鹿、圣诞树、圣诞礼物等，通常以捏塑和挤裱的技法进行蛋糕装饰	
情人节	情人节蛋糕以玫瑰花、爱心等体现情侣爱意的元素为主要特征，通常以花卉捏塑、心形等作为主要题材对蛋糕进行装饰	
母亲节	母亲节蛋糕通常以能够表现母爱的花卉为元素，康乃馨等为常用题材，通过裱挤技法装饰蛋糕，色调温馨舒适	

（3）西方节日蛋糕装饰的注意事项

1）了解各传统节日蛋糕装饰的特点及要求，不同节日要有不同的品种配备。

2）表达主题的装饰物要用可食用的原料制作。

3）在体现主题的前提下，制作原料与造型可采用多种选择与变化，体现简洁、创意的装饰效果。

● 制作实例 ●

杏仁糖团捏塑（花卉）

1. 原料配方

项目	原料名称	烘焙百分比
捏塑	杏仁糖团	100.00%
	食用色素	适量

2. 操作步骤

（1）各种花卉制作前，杏仁糖团需加适量食用色素调色。

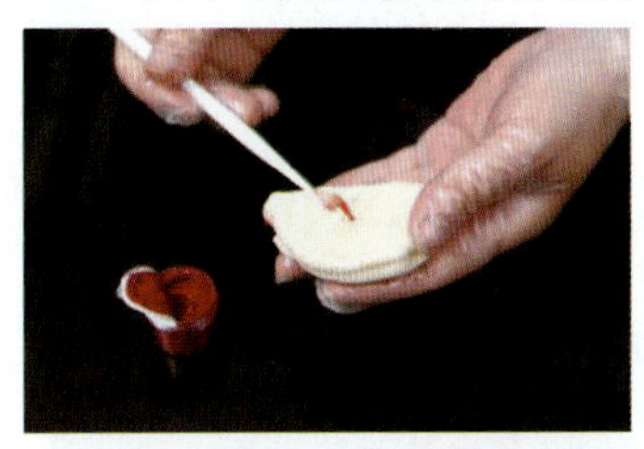

（2）花卉一制作

① 糖团捏至扁平

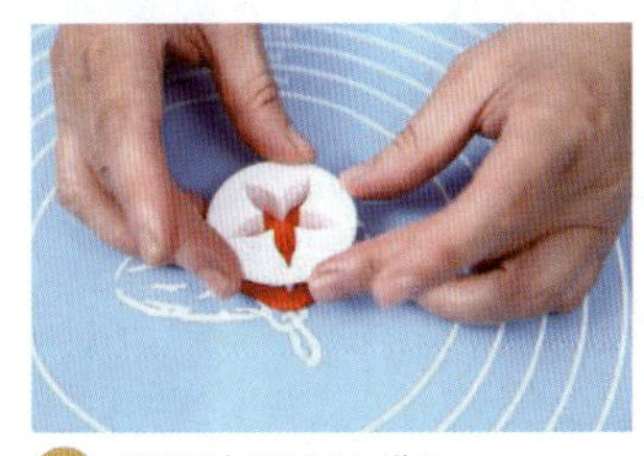

② 用花卉模具刻制

③ 使用工具修整成形

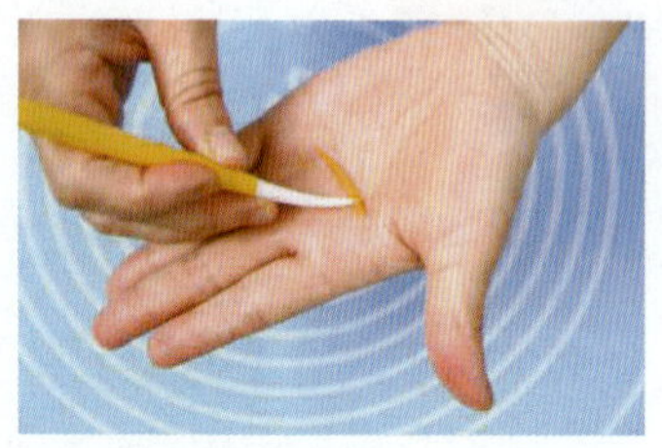

④ 花蕾制作 1

⑤ 花蕾制作 2

（3）花卉二制作

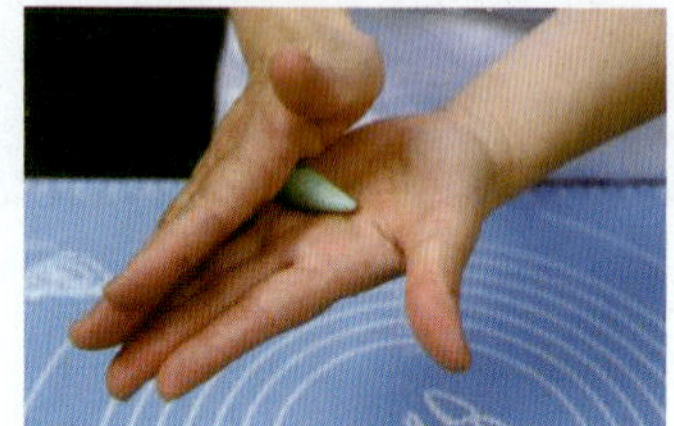

① 玫瑰花制作 1

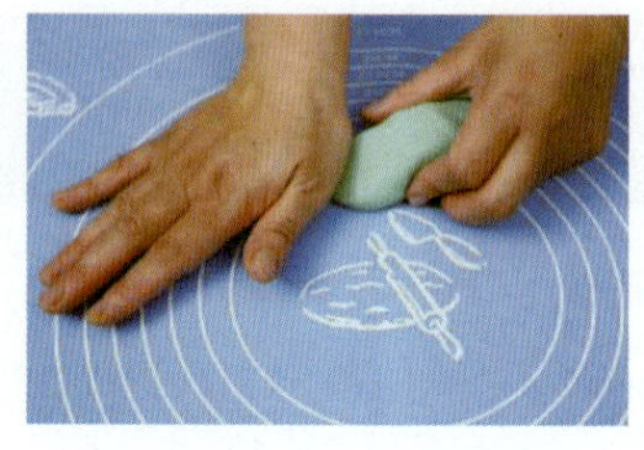

② 玫瑰花制作 2

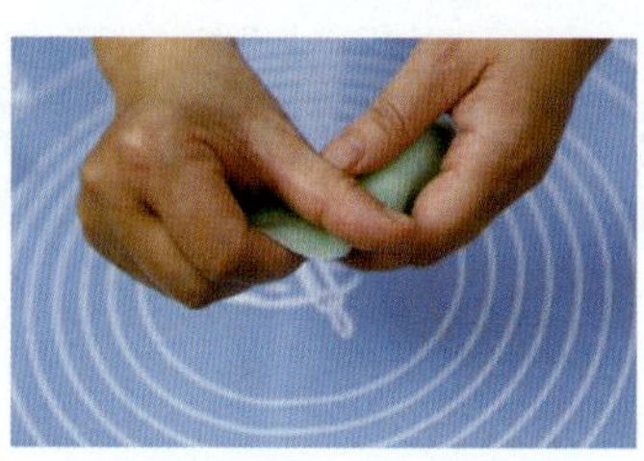

③ 玫瑰花制作 3

④ 玫瑰花制作 4

⑤ 玫瑰花制作 5

（4）花卉三制作

① 花蕾制作

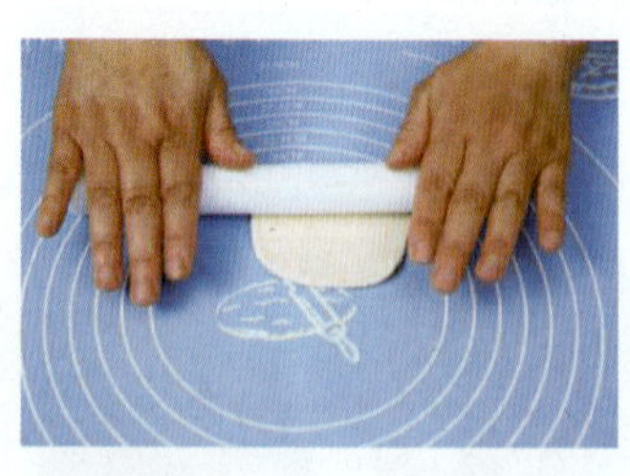

② 花瓣制作 1

③ 花瓣制作 2

（5）花卉四制作

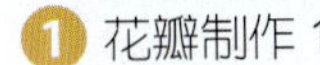
① 花瓣制作 1

② 花瓣制作 2

③ 花瓣制作 3

④ 花瓣制作 4

（6）花卉五制作

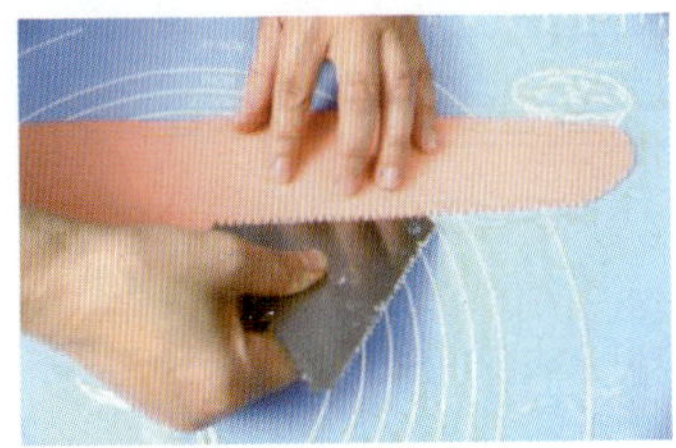
① 花瓣制作 1

② 花瓣制作 2

③ 花瓣制作 3

3. 小贴士

（1）擀制杏仁糖皮时用力要均匀，厚薄要一致，注意控制擀制尺寸。

（2）食用色素用量要适当。

（3）捏制时要防止黏手。

4. 质量标准

成品形态逼真自然、无破损，色彩鲜艳、色泽均匀，具有杏仁味、质感柔软。

杏仁糖团捏塑（蔬果）

1. 原料配方

项目	原料名称	烘焙百分比
捏塑	杏仁糖团	100.00%
	食用色素	适量

2. 操作步骤

（1）各种蔬果制作前，杏仁糖团需加适量食用色素调色。

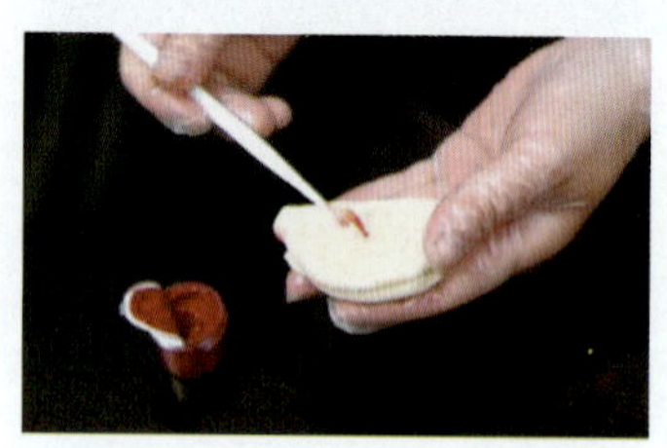

（2）草莓制作

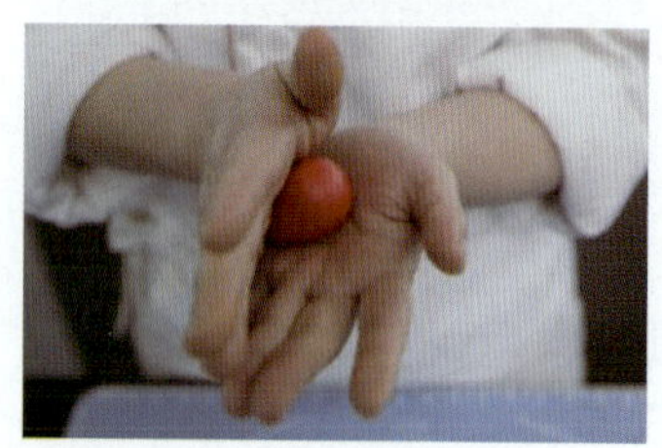

❶ 手法 1

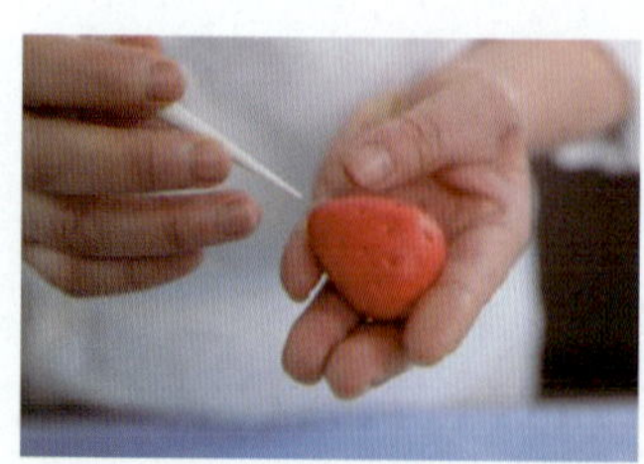

❷ 手法 2

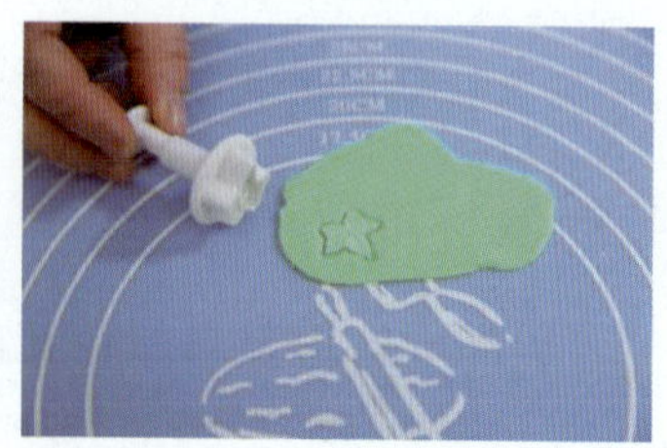

❸ 手法 3

4 手法 4

（3）香蕉制作

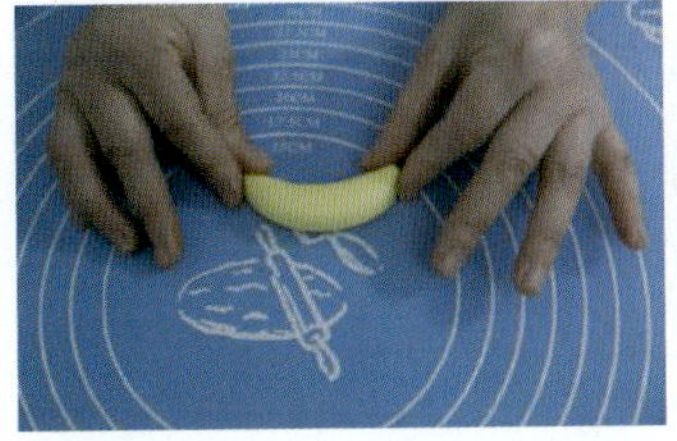
1 手法 1

2 手法 2

（4）南瓜制作

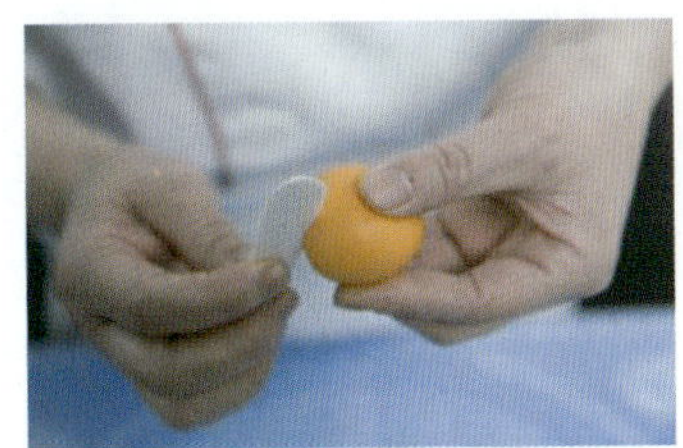
1 手法 1

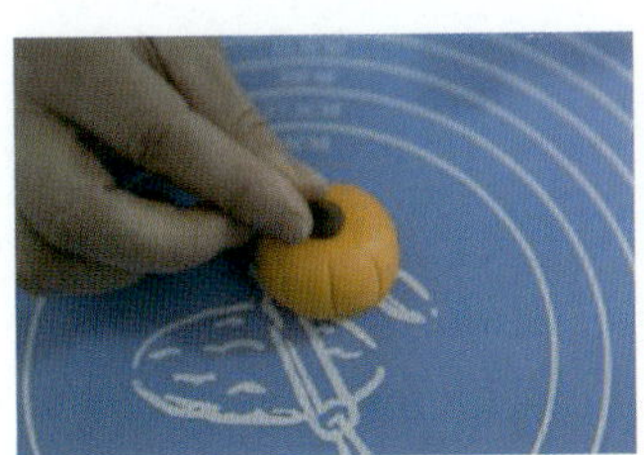
2 手法 2

（5）葡萄制作

1 手法 1

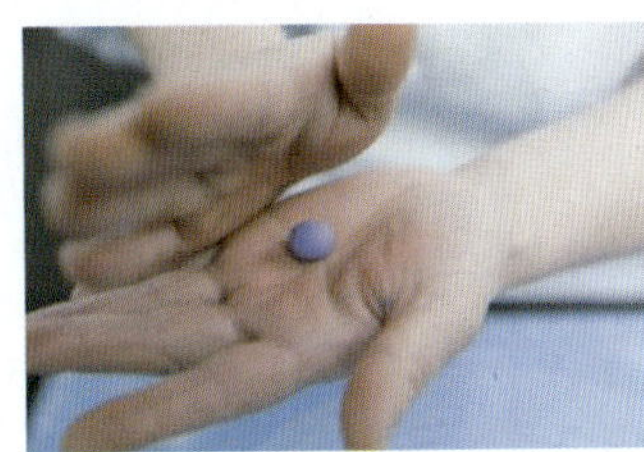
2 手法 2

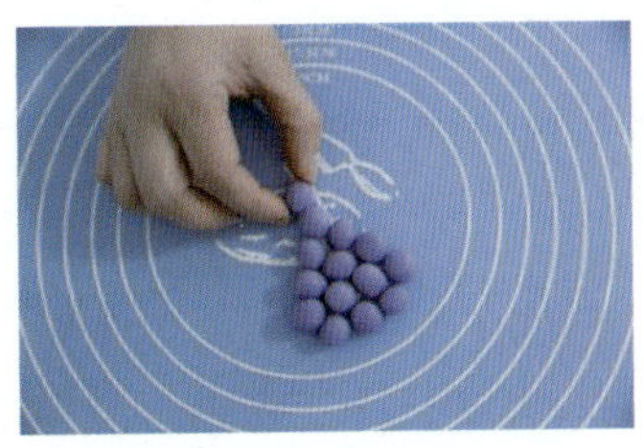
3 手法 3

4 组合

3. 质量标准

成品形态逼真自然、无破损，色彩鲜艳、色泽均匀，具有杏仁味、质感柔软。

杏仁糖团单层包面装饰蛋糕

1. 原料配方

项目	原料名称	烘焙百分比
坯料	低筋粉	100.00%
	黄油	100.00%
	糖粉	100.00%
	蛋液	100.00%
	核桃仁	30.00%
	提子干	30.00%
	朗姆酒	4.00%
装饰	杏仁糖团	适量
	食用色素	适量
	黄油膏	适量

2. 操作步骤

❶ 用坯料制作蛋糕坯，将蛋糕坯整形

❷ 黄油膏打发好后抹面

❸ 杏仁糖团擀制成薄片（杏仁糖皮）

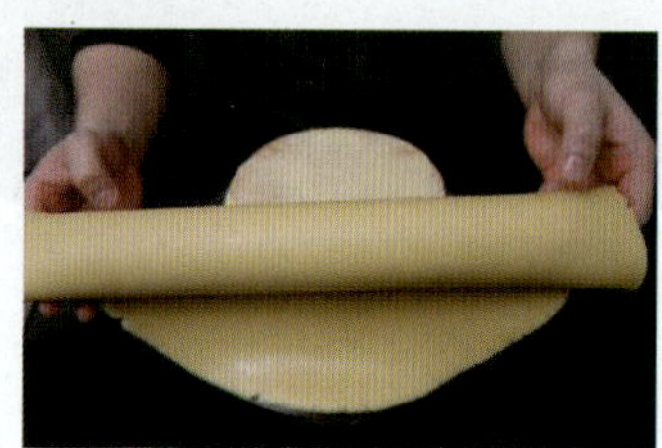

❹ 用杏仁糖皮包面

❺ 切割整形

❻ 蛋糕坯置盘

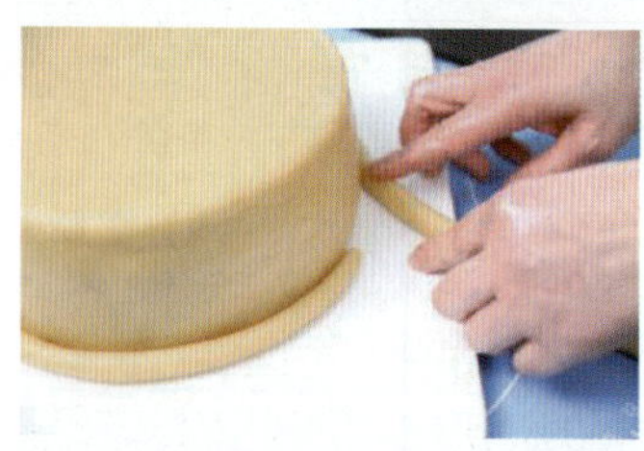

❼ 杏仁糖团搓成长条圆形围边装饰

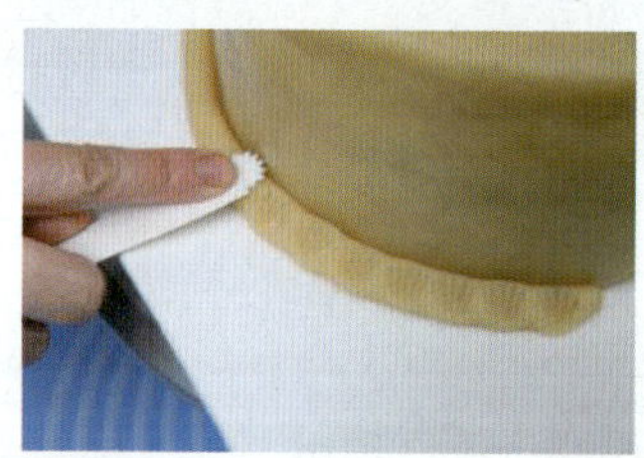

❽ 围边压出装饰图案

❾ 杏仁糖团加适量食用色素调色后捏塑花卉并点缀

3. 小贴士

（1）擀制杏仁糖皮时，桌面撒粉不宜太多。

（2）暂时不用的杏仁糖团需用保鲜膜封装起来待用。

4. 质量标准

成品形态端正无缺损、表面平整、装饰美观、布局合理，色彩搭配恰当、色泽均匀，质感松软。

巧克力淋面装饰蛋糕

1. 原料配方

项目	原料名称	烘焙百分比
坯料	低筋粉	100.00%
	黄油	100.00%
	糖粉	100.00%
	蛋液	100.00%
	核桃仁	30.00%
	提子干	30.00%
	朗姆酒	4.00%
装饰	黑巧克力	100.00%
	黄油膏	适量
	稀奶油	50.00%

2. 操作步骤

❶ 用坯料制作蛋糕坯，用打发好的黄油膏抹面

❷ 黑巧克力和稀奶油按 1 ∶ 1 的比例混合，隔水融化调制成巧克力淋面酱后淋面

❸ 抹平

❹ 调制黑巧克力酱，打发黄油膏。黑巧克力酱和黄油膏按 1 ∶ 2 的比例搅拌均匀后围边裱挤

❺ 表面裱挤

❻ 裱挤制作玫瑰花

❼ 整体装饰

3. 质量标准

成品形态端正无缺损、装饰美观、淋面平整，具有巧克力色、色泽均匀光亮，质感松软。

巧克力圣诞蛋糕

1. 原料配方

项目	原料名称	烘焙百分比
坯料	低筋粉	100.00%
	可可粉	4.00%
	蛋黄	100.00%
	色拉油	37.00%
	糖粉	40.00%
	盐	0.50%
	水	34.00%
	蛋清	189.00%
	白砂糖	70.00%
装饰	稀奶油	适量
	黑巧克力	适量
	细砂糖	适量
	白巧克力	适量
	水果和圣诞装饰物	适量

2. 操作步骤

① 用坯料制作蛋糕坯，用稀奶油和细砂糖混合打发好后夹心并整形

② 稀奶油和细砂糖混合打发好后抹面

③ 隔水融化黑巧克力后围边淋面

④ 白巧克力刨花后铺在蛋糕坯表面

⑤ 用水果和圣诞装饰物装饰蛋糕

3. 质量标准

成品形态端正无缺损、装饰美观、主题突出、布局合理，具有巧克力色、色泽均匀，质感松软。

巧克力树根蛋糕

1. 原料配方

项目	原料名称	烘焙百分比
坯料	低筋粉	100.00%
	可可粉	10.00%
	蛋清	100.00%
	糖粉	70.00%
	蛋黄	50.00%
	细砂糖	35.00%
装饰	黄油膏	适量
	糖粉	适量
	巧克力酱	适量
	装饰物	适量

2. 操作步骤

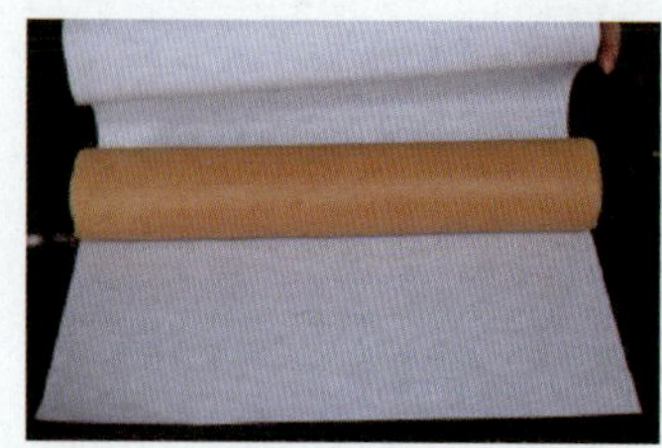

❶ 用坯料制作蛋糕坯，将黄油膏、糖粉、巧克力酱混合打发好后抹面，卷成圆柱形长条（制作卷筒蛋糕）

❷ 冷藏后切割成形

❸ 黄油膏、糖粉、巧克力酱打发好后涂抹

❹ 蛋糕坯拼接后用打发好的黄油膏、糖粉、巧克力酱进行表面装饰 1

❺ 用打发好的黄油膏、糖粉、巧克力酱进行表面装饰 2

❻ 用巧克力酱、糖粉和装饰物点缀

3. 质量标准

成品形态端正无缺损、卷纹清晰、装饰美观、布局合理，具有巧克力色、色泽均匀，质感松软。

植脂奶油多层婚庆蛋糕

1. 原料配方

项目	原料名称	烘焙百分比
坯料	低筋粉	100.00%
	蛋清	100.00%
	糖粉	60.00%
	蛋黄	50.00%
	细砂糖	50.00%
	盐	1.00%
	色拉油	50.00%
	牛奶	50.00%
装饰	植脂奶油	适量
	食用色素	适量

2. 操作步骤

1 用坯料制作蛋糕坯，用打发好的植脂奶油抹面

2 抹面后的蛋糕坯叠层

3 植脂奶油打发好后加入适量食用色素搅拌均匀，裱制花卉

4 用花卉装饰蛋糕

5 围边装饰

3. 质量标准

成品形态端正无缺损、层次搭配恰当、装饰美观、线条流畅、主题突出，色彩搭配合理、色泽均匀，质感松软。

植脂奶油多层祝寿蛋糕

1. 原料配方

项目	原料名称	烘焙百分比
坯料	低筋粉	100.00%
	蛋清	100.00%
	糖粉	60.00%
	蛋黄	50.00%
	细砂糖	50.00%
	盐	1.00%
	色拉油	50.00%
	牛奶	50.00%
装饰	植脂奶油	适量
	食用色素	适量

2. 操作步骤

1 用坯料制作蛋糕坯，用打发好的植脂奶油夹心、抹面并叠层

2 植脂奶油打发好后加入食用色素搅拌均匀进行围边裱挤

3 制作装饰花卉

4 用花卉装饰蛋糕表面

5 裱挤书写文字

3. 质量标准

成品形态端正无缺损、层次搭配恰当、装饰美观、线条流畅、主题突出，色彩搭配合理、色泽均匀，质感松软。

心形情人节蛋糕

1. 原料配方

项目	原料名称	烘焙百分比
坯料	低筋粉	100.00%
	蛋清	100.00%
	糖粉	60.00%
	蛋黄	50.00%
	细砂糖	50.00%
	盐	1.00%
	色拉油	50.00%
	牛奶	50.00%
装饰	植脂奶油	适量
	食用色素	适量

2. 操作步骤

1 用坯料制作蛋糕坯，用打发好的植脂奶油夹心和抹面

2 心形蛋糕坯抹面成形

3 蛋糕坯叠层

4 植脂奶油打发好后加入适量食用色素搅拌均匀进行表面裱花

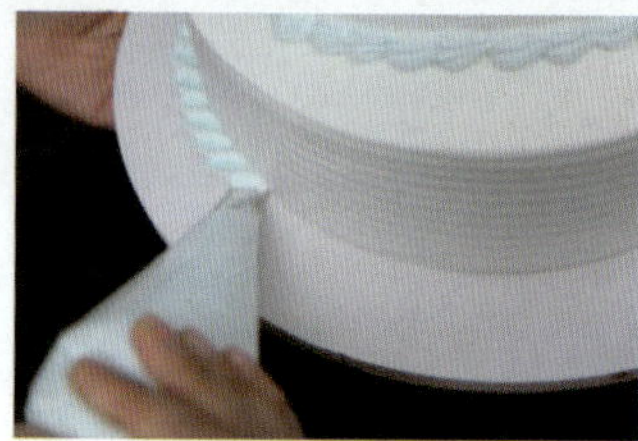

5 裱挤围边装饰

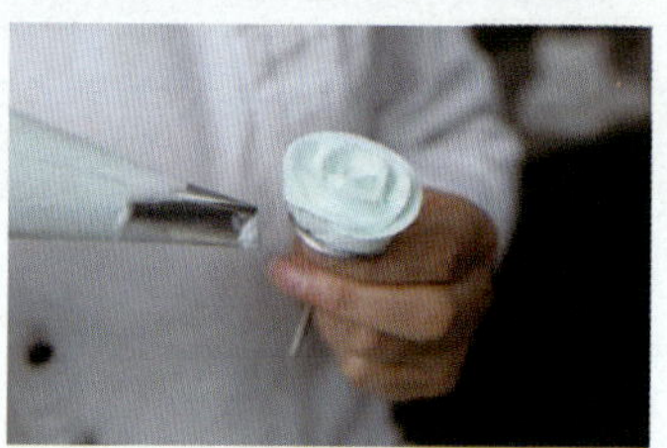

6 裱挤制作装饰玫瑰花

7 整体装饰

3. 质量标准

成品形态端正无缺损、层次搭配恰当、装饰美观、线条流畅、主题突出，色彩搭配合理、色泽均匀，质感松软。

果胶淋面装饰蛋糕

1. 原料配方

项目	原料名称	烘焙百分比
坯料	低筋粉	100.00%
	蛋清	100.00%
	糖粉	60.00%
	蛋黄	50.00%
	细砂糖	50.00%
	盐	1.00%
	色拉油	50.00%
	牛奶	50.00%
装饰	稀奶油	适量
	细砂糖	适量
	巧克力片	适量
	水果	适量
	果胶	适量

2. 操作步骤

① 用坯料制作蛋糕坯，用稀奶油和细砂糖混合打发好后夹心、抹面并叠层

② 用果胶淋面

③ 果胶淋面抹匀成形

④ 用水果装饰

⑤ 用巧克力片装饰

3. 小贴士

果胶淋面时用力要均匀，淋面的厚薄要均匀。

4. 质量标准

成品形态端正无缺损、装饰美观、线条流畅，色彩搭配合理、色泽均匀，质感松软。

模块五 慕斯制作

学习目标

了解慕斯的特性。
掌握不同品种慕斯的成形及脱模方法。
能够用巧克力及巧克力制品装饰慕斯。

一、明胶的使用

明胶是动物胶，具有强大的吸水性和凝固功能，使用前必须用 3 ~ 5 倍的水浸泡，使干性的胶质软化成糊状。泡明胶的水必须是冷水或冰水，明胶在超过 28 ℃时就开始慢慢融化了。

明胶的使用量要根据慕斯的品种来确定，用量过少则凝固时间长、稳定性较差，用量过多则影响制品的口感与质感。水果类慕斯与乳酪类慕斯、巧克力类慕斯相比，含水量较多，明胶的用量也需相应增加。

二、慕斯调制的温度

慕斯液体原料加热温度需达到 80 ~ 90 ℃，以杀死生蛋黄中的细菌，但加热时温度不能超过 100 ℃，温度过高会使蛋黄形成蛋花状，呈现分离状态，影响整个慕斯的口感。

慕斯液体原料冷却温度 30 ℃为宜，这是加入稀奶油的最佳温度。温度太低，会使浆料太稠而失去细腻嫩滑的口感；温度太高，稀奶油易溶化导致浆料太稀，不易成形。

三、稀奶油的打发

稀奶油最好在室温 20 ℃以下打发，快速搅打到有明显的浪花状波纹，膏体表面光滑细腻，搅拌器提起会有细长的“弯钩”。

四、慕斯糊的搅拌

慕斯糊搅拌时，手法必须轻快，先将部分打发好的稀奶油与各种口味的浆料（其他原料）充分搅拌均匀，再将剩余的稀奶油倒入搅拌均匀。

慕斯糊中其他原料加多少，需要遵循酸碱平衡、口感适中、形态稳定的原则，达到配方平衡。例如，配方中如有酸性较强的原料时（如酸奶、猕猴桃汁等），在细砂糖的用量上就要比巧克力或杧果口味的慕斯略多一些，以达到口感适中、状态稳定。

五、模具的选用

使用空心慕斯圈时，要选择慕斯垫或者平盘放在模具的下方。使用硅胶模具时，首先要干净，其次要光滑不毛糙，最好选用软而薄的模具，易于脱模。

六、慕斯的成形

慕斯成形一般是冷藏或急速冷冻。

七、慕斯的脱模

慕斯成形后千万不要强制脱模，可以先用热毛巾、电吹风等使模具四周均匀受热，然后以轻拉的方式脱模。如果慕斯边缘有点软化，可以放进冰箱几分钟后再取出脱模。

八、慕斯的装饰

装饰慕斯时，刚刚制作好的镜面酱不宜马上进行淋面操作，因为加热后具有流动性，太稀很难沾裹，而且也容易流掉。镜面酱淋制过程中，需以画圈的方式持续倒入，不要间断，否则会影响淋面的平整性。为了去除多余的镜面酱，让表面平整，要连同慕斯架一起轻敲，并将附着在边缘的镜面酱用抹刀小心地刮去。

用巧克力片装饰慕斯时，力求简洁且有视觉冲击力。无论是几何形的巧克力片还是巧克力线条、巧克力棒等，都要达到视觉平衡的效果。

制作实例

咖啡慕斯

1. 原料配方

项目	原料名称	烘焙百分比
慕斯糊	咖啡	100.00%
	稀奶油	100.00%
	蛋黄	4.00%
	细砂糖	100.00%
	明胶	11.30%
	水	13.30%
坯料	蛋糕坯	适量
装饰	巧克力片	适量
	巧克力酱	适量

2. 制作条件

冷冻：温度 -18 ℃。

3. 操作步骤

① 放置慕斯圈，放入蛋糕坯

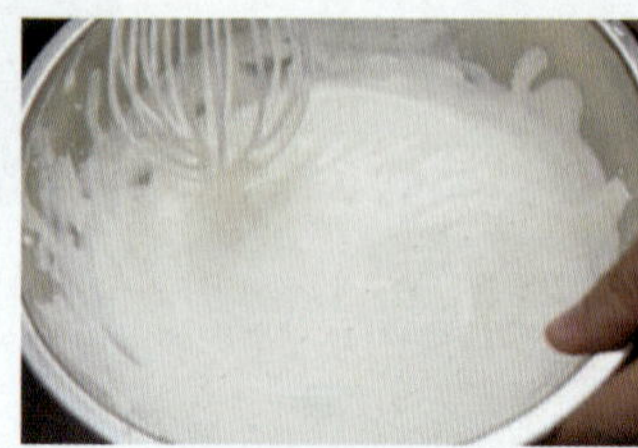

② 稀奶油稍打发后备用

③ 咖啡、细砂糖、水熬煮后冲入蛋黄并搅拌均匀

④ 加入软化的明胶搅拌均匀

⑤ 冷却后加入打发的稀奶油搅拌均匀

⑥ 裱挤慕斯糊入模后冷冻成形

⑦ 用巧克力片和巧克力酱装饰后脱模

4. 质量标准

成品脱模完整光滑，色泽美观，质地松软、入口即化，具有浓浓的咖啡香味。

百香果慕斯

1. 原料配方

项目	原料名称	烘焙百分比
慕斯糊	百香果蓉	150.00%
	橙汁、橙肉	50.00%
	细砂糖	150.00%
	香橙酒	10.00%
	稀奶油	150.00%
	明胶	20.00%
坯料	蛋糕坯	适量
装饰	水果	适量
	透明果胶	适量

2. 制作条件

冷冻：温度 -18 ℃。

3. 操作步骤

① 放置慕斯圈，放入蛋糕坯

② 稀奶油稍打发后备用

③ 百香果蓉、细砂糖、橙汁、橙肉、香橙酒加热并搅拌均匀

④ 加入软化的明胶搅拌均匀

⑤ 冷却后加入打发的稀奶油搅拌均匀

⑥ 裱挤慕斯糊入模后冷冻成形

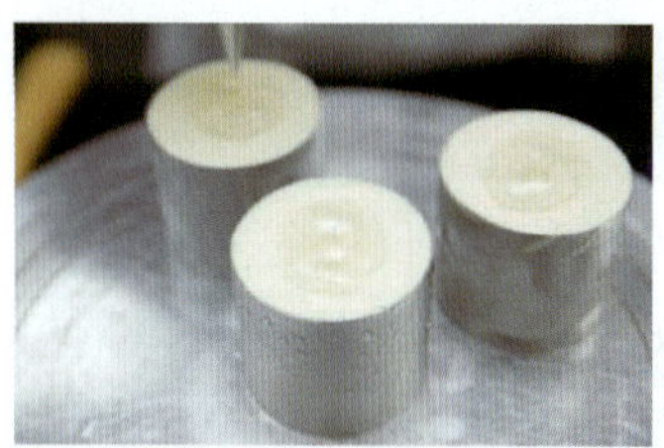

⑦ 用透明果胶装饰

⑧ 脱模

⑨ 用水果等装饰

4. 质量标准

成品脱模完整光滑，色泽美观，表面无裂缝，入口渐渐融化，果香味浓郁。

覆盆子巧克力慕斯

1. 原料配方

项目	原料名称	烘焙百分比
浆料	稀奶油	100.00%
	牛奶巧克力	66.70%
	覆盆子果蓉	33.30%
	水	13.30%
	明胶	1.70%
慕斯糊	稀奶油	40.00%
	蛋黄	13.30%
	细砂糖	13.30%
	明胶	2.00%
	覆盆子粒	3.30%
坯料	蛋糕坯	适量
装饰	巧克力片	适量
	巧克力酱	适量

2. 制作条件

冷冻：温度 -18 ℃。

3. 操作步骤

① 放置慕斯圈，放入蛋糕坯

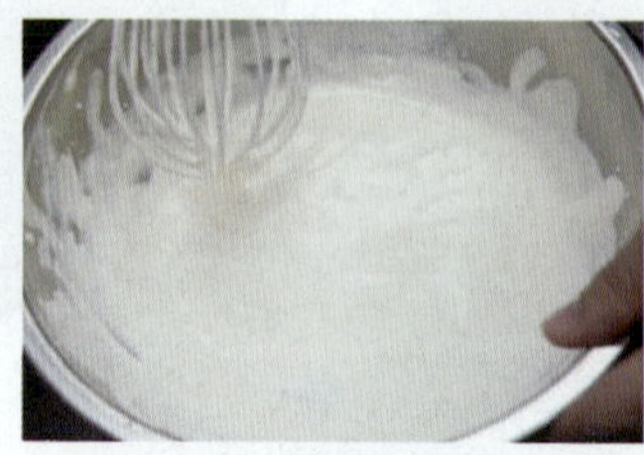
② 稀奶油稍打发后备用

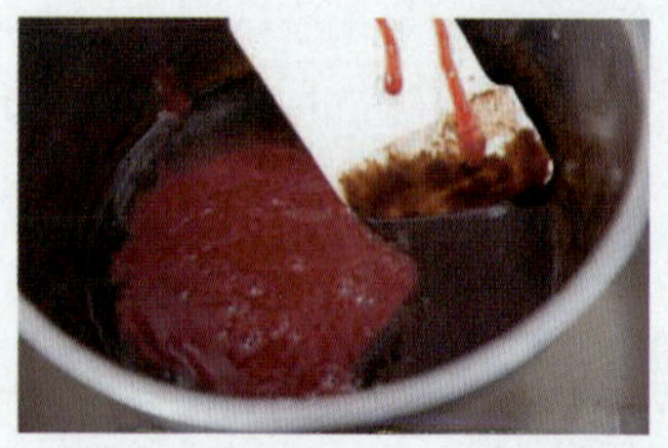
③ 覆盆子果蓉、牛奶巧克力搅拌均匀后加水稀释，加热后加入软化的明胶搅拌均匀

④ 加入打发的稀奶油制成浆料

⑤ 将慕斯糊原料制成慕斯糊后加入浆料搅拌均匀

⑥ 袋挤慕斯糊入模后冷冻成形

⑦ 用巧克力片、巧克力酱装饰后脱模

4. 小贴士

（1）慕斯制作过程中，覆盆子果蓉加热混合的温度要小于 40 ℃。

（2）配料中有蛋黄或果蓉时，与打发的稀奶油混合之前要有一个过滤的环节，这个环节决定了慕斯的细腻度。

5. 质量标准

成品巧克力色、色泽均匀光洁，具有水果味、酸甜适中，口感软糯、细腻、滑爽。

焦糖慕斯

1. 原料配方

项目	原料名称	烘焙百分比
慕斯糊	焦糖浆料	100.00%
	稀奶油	57.70%
	蛋黄	48.00%
	明胶	3.90%
坯料	蛋糕坯	适量

2. 制作条件

焦糖浆料熬制：温度 170 ~ 180 ℃。

冷冻：温度 -18 ℃。

3. 操作步骤

❶ 放置慕斯圈，放入蛋糕坯

❷ 稀奶油稍打发后备用

❸ 将熬制的焦糖浆料冷却后加入蛋黄、软化的明胶中

❹ 加入打发好的稀奶油制成慕斯糊

❺ 裱挤慕斯糊入模后冷冻成形

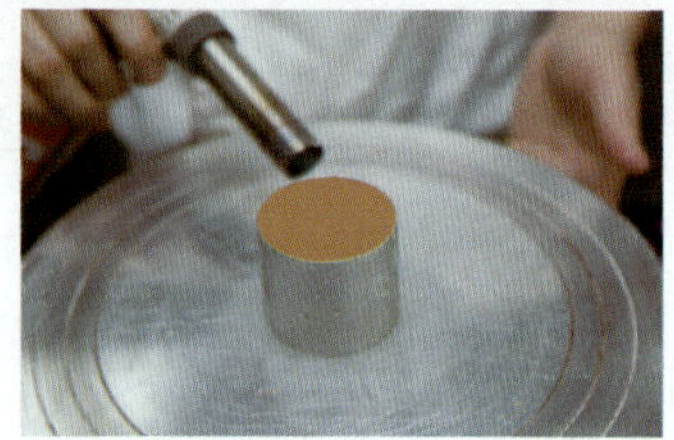

❻ 脱模后装饰

4. 小贴士

（1）焦糖浆料的原料为稀奶油（100%）、细砂糖（14%）、蛋黄（48%）。

（2）熬制焦糖浆料的过程中要专注，煮沸后要注意去除杂质和浮泡。在 120 ℃时产生的浮泡最多，浮泡若残留在锅边会形成结晶颗粒，要用刷子蘸清水清扫锅边。

（3）熬制好的焦糖浆料搅拌冷却时动作要轻柔，防止糖液外溅引起烫伤。

5. 质量标准

成品光洁、表面平整、大小均匀，焦糖色、色泽均匀，具有焦糖味、甜度适中、嫩滑细腻。

提拉米苏

1. 原料配方

项目	原料名称	烘焙百分比
慕斯糊	马斯卡彭乳酪	100.00%
	细砂糖	40.00%
	咖啡酒	2.50%
	稀奶油	75.00%
	明胶	2.50%
手指饼坯料	蛋清	100.00%
	细砂糖①	93.30%
	蛋黄	66.70%
	细砂糖②	57.30%
	低筋粉	100.00%
	玉米淀粉	26.70%
涂料	咖啡糖水	适量
装饰	可可粉	适量

2. 制作条件

烘烤：上火温度 200 ℃、下火温度 200 ℃、时间 18 min。

冷藏：1 ℃。

3. 操作步骤

① 手指饼坯料中的蛋清、细砂糖①打发

② 拌入用蛋黄、细砂糖②制作的蛋黄糊中

③ 加入低筋粉、玉米淀粉搅拌成均匀的面糊

④ 裱挤成条形

⑤ 入炉烘烤成熟

⑥ 用咖啡糖水刷于手指饼干表面

⑦ 将马斯卡彭乳酪搅拌

⑧ 乳酪中加入咖啡酒，搅拌均匀后加入稀奶油

⑨ 加入软化的明胶、细砂糖搅拌均匀成乳酪慕斯糊

⑩ 手指饼干放入模具后乳酪慕斯糊入模

⑪ 冷藏定型

⑫ 撒可可粉装饰

4. 小贴士

（1）乳酪类慕斯中加入的明胶要比水果类慕斯少，因为乳酪在冷却后有一定的凝固性。

（2）乳酪类慕斯中细砂糖的用量要比巧克力类慕斯或水果类慕斯略多，以达到口感适中、形态稳定的效果。

5. 质量标准

成品表面平整、端正、无缺损，表面咖啡色、色泽均匀，内部乳黄色、光洁细腻，具有咖啡和乳酪味、甜度适中。

第三篇

拓展篇

模块一 手工巧克力制作

学习目标

了解手工巧克力的原料配方。
熟悉手工巧克力的制作条件。
熟悉制作手工巧克力的注意事项。
能够按照操作步骤和质量标准制作手工巧克力。

制作实例

巧克力蛋

1. 原料配方

原料名称	烘焙百分比
白巧克力	100%
铜色粉	适量

2. 制作说明

成品形状：蛋形。

产品分类：手工巧克力。

使用模具：蛋模、巧克力模。

3. 操作步骤

❶ 将融化的白巧克力倒入蛋模和各种巧克力模中

❷ 待边上凝固后将剩余的白巧克力倒出

❸ 用刮板或铲刀将边缘刮干净

❹ 等白巧克力完全冷却后脱模

❺ 将白巧克力倒入圆形巧克力模中制作两个大小不同的底座

❻ 组装大小底座

❼ 将两个半蛋形巧克力组合成一个蛋坯

❽ 将蛋坯组装在底座上

❾ 将用各种巧克力模制作的巧克力装饰件组装到巧克力蛋坯上

10 刷上铜色粉

4. 小贴士

（1）巧克力的制作温度应适宜。

（2）制作巧克力时一定要避免沾到水。

5. 质量标准

成品表面光洁、无气孔、无缺损、色泽光亮。

模块二　酥性面包制作

学习目标

了解酥性面包的原料配方。
熟悉酥性面包的制作条件。
熟悉制作酥性面包的注意事项。
能够按照操作步骤和质量标准制作酥性面包。

• 制作实例 •

巴伐利亚海盐可颂

1. 原料配方

项目	原料名称	烘焙百分比
发酵面团	高筋粉	70.00%
	低筋粉	30.00%

续表

项目	原料名称	烘焙百分比
发酵面团	奶粉	3.00%
	高糖半干酵母	1.80%
	面团改良剂	1.50%
	细砂糖	10.00%
	发酵黄油	5.00%
	盐	1.50%
	水	50.00%
	老面团	30.00%
油面团	片状黄油	50.00%
装饰	烘焙盐	适量
	烘焙碱水	适量

2. 制作说明

成品形状：牛角形。

产品分类：酥性面包。

醒发：温度 25 ℃、相对湿度 60%、时间 80 min。

烘烤：上火温度 200 ℃、下火温度 220 ℃、时间 18 min。

3. 操作步骤

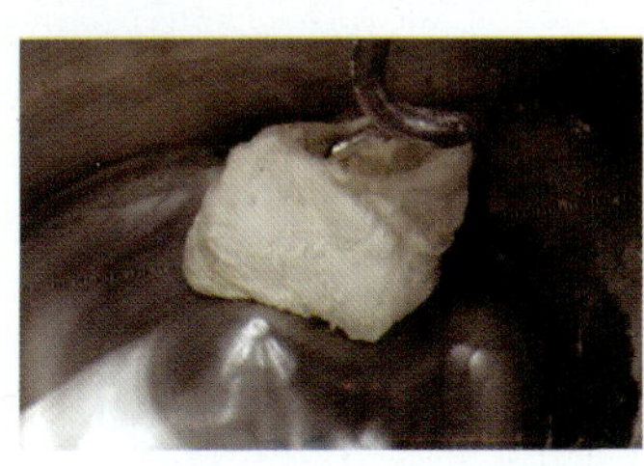

① 除发酵黄油、盐外的其他发酵面团原料放入搅拌机中搅拌均匀，快速搅拌至面筋扩展后加入发酵黄油、盐搅拌均匀，快速搅拌至面筋完全扩展

② 发酵面团压平后进冰箱冷冻松弛

③ 片状黄油压成 0.6 cm 厚的薄片

❹ 发酵面团压成面坯后包入片状黄油

❺ 三折三次开酥成 0.4 cm 厚的面坯

❻ 切成底边长 12 cm、高 30 cm 的等腰三角形面坯，并在底部切一刀

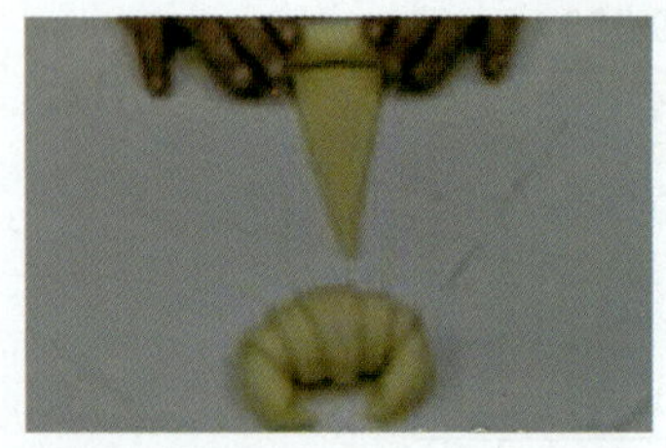

❼ 卷成弯牛角后置盘，进醒发箱醒发

❽ 在醒发好的面坯表面均匀地刷上烘焙碱水并撒上少量烘焙盐，入炉烘烤成熟

4. 小贴士

（1）控制发酵面团温度为 20 ~ 22 ℃。

（2）压平的面坯在 −18 ℃条件下松弛 10 ~ 12 h。

（3）片状黄油和发酵面团具有相同的软硬度。

（4）每开酥一次需在冰箱冷冻松弛 20 min 左右。

（5）烘焙碱水的配比为烘焙碱：水 = 4 ：100。

（6）操作烘焙碱水时一定要注意防止灼伤。

5. 质量标准

成品层次分明，表面枣红色，具有独特碱味、香酥适宜、甜咸适中。

爆浆牛角

1. 原料配方

项目	原料名称	烘焙百分比
发酵面团	高筋粉	100.00%
	干酵母	1.30%
	面团改良剂	0.40%
	盐	1.40%
	奶粉	4.00%
	蛋液	10.00%
	细砂糖	8.00%
	水	50.00%
	发酵黄油	8.00%
油面团	丹麦油	50.00%
爆浆馅料	芝士片	20.00%
	细砂糖	70.00%
	稀奶油	100.00%
	黄油	100.00%

2. 制作说明

成品形状：牛角形。

产品分类：丹麦面包。

制作工艺：折叠法。

醒发：温度 25 ℃、相对湿度 60%、时间 80 min。

烘烤：上火温度 220 ℃、下火温度 190 ℃、时间 12 min。

3. 操作步骤

① 先把高筋粉、奶粉、干酵母、细砂糖、面团改良剂放入搅拌机中混合均匀，然后加入蛋液和水搅拌均匀

② 慢速搅拌成团后快速搅拌至面筋扩展

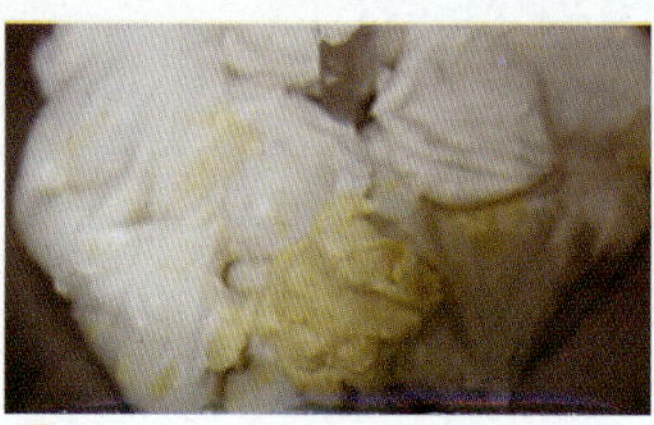

③ 加入发酵黄油、盐搅拌均匀

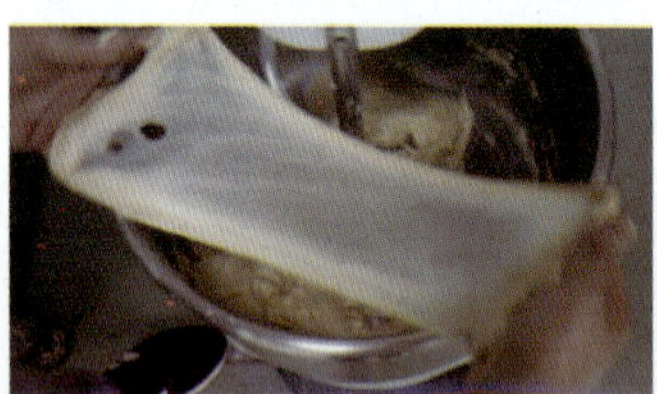

④ 快速搅拌至面筋完全扩展

⑤ 把丹麦油展开，把发酵面团展开到丹麦油的 2 倍大小后完全包裹住丹麦油

⑥ 用开酥机压成 0.7 cm 厚的薄片

⑦ 四折两次并盖塑料薄膜后放入冰箱冷藏松弛

⑧ 用开酥机压成 0.6 cm 厚的薄片

⑨ 放在操作台上切割成底边长 25 cm、高 56 cm 的等腰三角形面坯

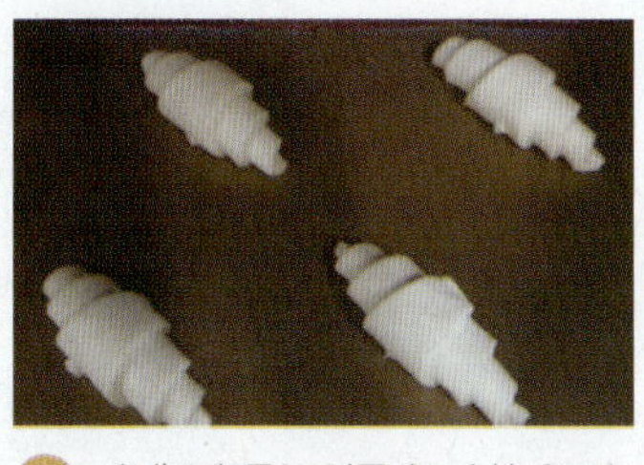

⑩ 卷制成形后摆盘（放入清洁的烤盘中），进醒发箱醒发

⑪ 刷蛋液后入炉烘烤成熟

⑫ 将黄油、细砂糖、芝士片、稀奶油加入锅中，隔水边加热融化边搅拌成黏稠状馅料

⑬ 将馅料装入裱花袋，将裱花嘴插入牛角后挤入馅料

4. 小贴士

（1）操作台上要撒一些撒手粉，但不宜过多。

（2）面坯切割后卷制成形和摆盘速度要快，摆在烤盘上要放正。

5. 质量标准

（1）形状：大小一致，形状完整。

（2）颜色：均匀红棕色。

（3）层次：卷纹层次清晰。

（4）口感：甜感适中，外酥内软。

串串香

1. 原料配方

项目	原料名称	烘焙百分比
发酵面团	高筋粉	70.00%
	低筋粉	30.00%
	奶粉	3.00%
	半干酵母	1.80%
	面团改良剂	1.50%
	细砂糖	10.00%
	发酵黄油	5.00%
	盐	1.50%
	水	50.00%
	老面团	30.00%
油面团	片状黄油	50.00%
装饰	培根	适量
	芝士	适量
	青椒、红椒	适量

2. 制作说明

成品形状：串状。

产品分类：酥性面包。

醒发：温度 30 ℃、相对湿度 80%、时间 90 min。

烘烤：上火温度 200 ℃、下火温度 220 ℃、时间 18 min。

3. 操作步骤

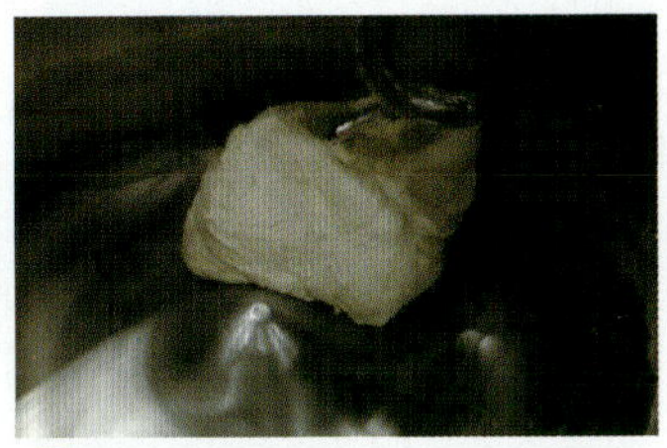
① 除发酵黄油、盐外的其他发酵面团原料放入搅拌机中搅拌均匀，快速搅拌至面筋扩展后加入发酵黄油、盐搅拌均匀，快速搅拌至面筋完全扩展

② 发酵面团压平后进冰箱冷冻松弛

③ 片状黄油压成 0.6 cm 厚的薄片

④ 发酵面团展开到片状黄油的 2 倍大小后完全包裹住片状黄油

⑤ 三折三次开酥成 0.4 cm 厚的面坯

⑥ 切割成 5 cm × 5 cm 面片

⑦ 用竹签将面片、培根片、青椒片、红椒片依次串起，表面撒上芝士

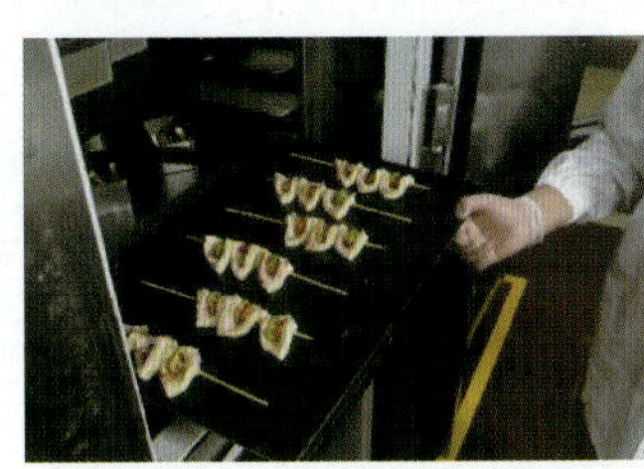
⑧ 醒发后入炉烘烤成熟

4. 小贴士

（1）控制发酵面团温度为 20 ～ 22 ℃。

（2）压平的面坯在 –18 ℃条件下冷冻松弛 10 ～ 12 h。

（3）片状黄油和发酵面团的软硬度要一致。

（4）每开酥一次需在冰箱冷冻松弛 20 min 左右。

5. 质量标准

（1）形状：层次分明，串串造型。

（2）颜色：金黄色。

（3）口感：甜咸搭配，风味独特。

丹麦千层

1. 原料配方

项目	原料名称	烘焙百分比
发酵面团	高筋粉	80.00%
	低筋粉	20.00%
	细砂糖	13.00%
	高糖半干酵母	1.20%
	面团改良剂	0.50%
	盐	1.50%
	蛋液	10.00%
	牛奶	20.00%
	奶粉	4.00%
	发酵黄油	15.00%
	水	25.00%
油面团	片状黄油	50.00%
装饰	稀奶油	适量
	酥粒	适量
	防潮糖粉	适量

2. 制作说明

成品形状：长条形。

产品分类：酥性面包。

制作工艺：折叠法。

醒发：温度 30 ℃、相对湿度 78%、时间 60 min。

烘烤：上火温度 220 ℃、下火温度 200 ℃、时间 18 min。

3. 操作步骤

① 除发酵黄油、盐外的其他发酵面团原料放入搅拌机中搅拌均匀

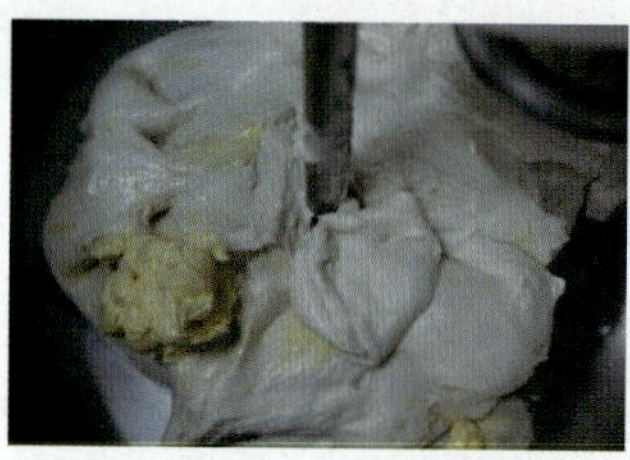

② 快速搅拌至面筋扩展后加入发酵黄油、盐搅拌均匀

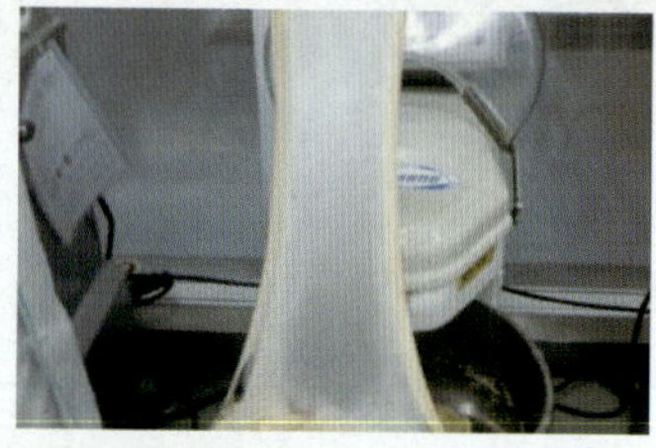

③ 快速搅拌至面筋完全扩展

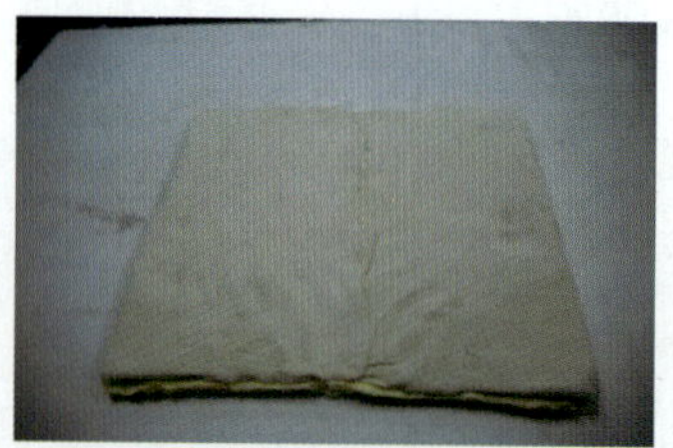

④ 发酵面团展开到片状黄油的 2 倍大小后完全包裹住片状黄油

⑤ 用开酥机压成 0.7 cm 厚的薄片

⑥ 四折两次并盖塑料薄膜后放入冰箱冷藏松弛 30 min

⑦ 用开酥机压成 0.3 cm 厚的薄片

⑧ 切割成 26 cm × 4 cm 的长条形面坯

⑨ 面坯摆盘后放入醒发箱醒发至 2 倍大小左右

⑩ 面坯表面刷蛋液

⑪ 面坯表面撒上酥粒后入炉烘烤成熟，待制品冷却后，中间分开挤入打发好的稀奶油，表面撒上防潮糖粉

4. 小贴士

（1）操作台上要撒一些撒手粉，但不宜过多。

（2）面坯切割和摆盘动作要快。

5. 质量标准

成品大小一致、形状完整、层次清晰，表面金黄色、色泽均匀，甜度适中、外酥内软。

枫糖唱片

1. 原料配方

项目	原料名称	烘焙百分比
发酵面团	高筋粉	80.00%
	低筋粉	20.00%
	盐	1.80%
	细砂糖	12.00%
	高糖半干酵母	1.20%
	面团改良剂	0.30%
	奶粉	4.00%
	蛋液	15.00%
	水	50.00%
	发酵黄油	10.00%
油面团	片状黄油	50.00%
装饰	枫糖糖浆	适量
	防潮糖粉	适量

2. 制作说明

成品形状：唱片状。

产品分类：酥性面包。

制作工艺：折叠法。

使用模具：6 吋（吋即英寸，1 in ≈ 2.54 cm）唱片圆模。

醒发：温度 30 ℃、相对湿度 78%、时间 60 min。

烘烤：上火温度 210 ℃、下火温度 190 ℃、时间 24 min。

3. 操作步骤

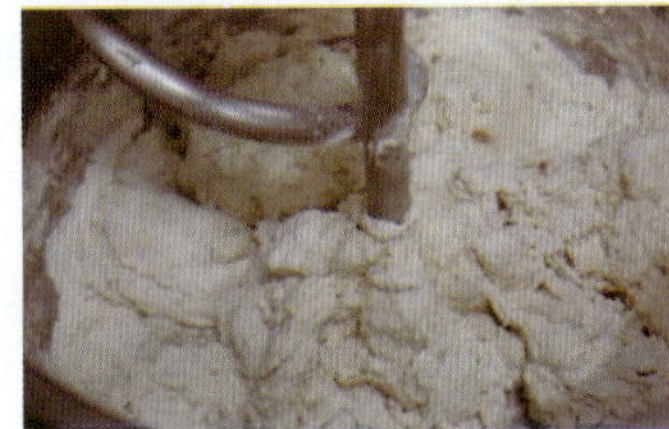

① 把面粉、酵母、糖、面团改良剂、奶粉放入搅拌机搅拌均匀，加入蛋液、水搅拌均匀

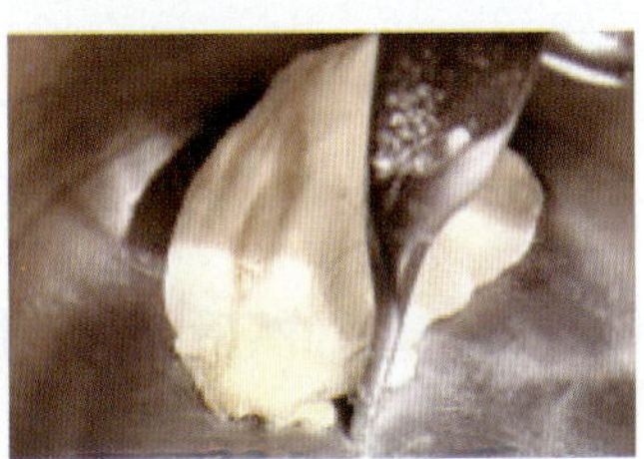

② 搅拌至面筋扩展时加入发酵黄油、盐搅拌均匀

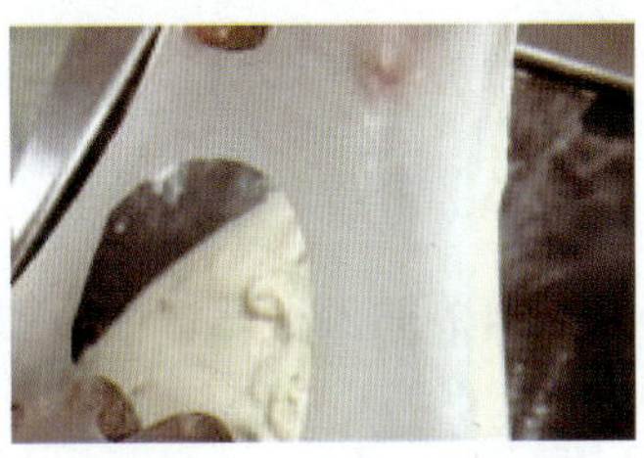

③ 快速搅拌至面筋完全扩展

④ 发酵面团展开到片状黄油的 2 倍大小后完全包裹住片状黄油

⑤ 用开酥机压成 0.7 cm 厚的薄片

⑥ 四折两次并盖塑料薄膜放入冰箱冷藏松弛后压成 0.6 cm 厚的薄片

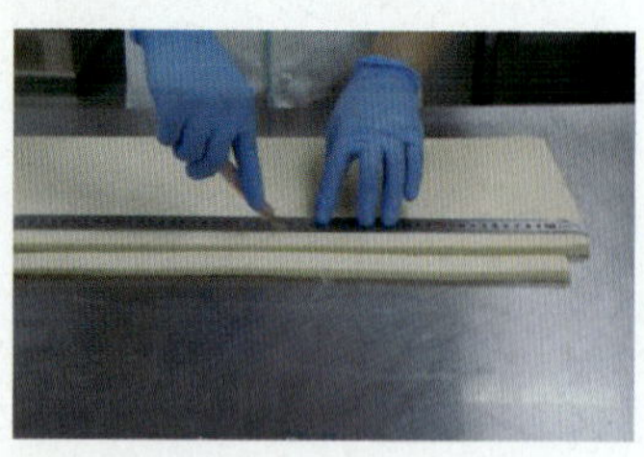
⑦ 切割成 56 cm×2.5 cm 的长条形面坯

⑧ 长条形面坯卷起来放入模具后进醒发箱醒发

⑨ 面坯表面盖高温布后压烤盘入炉烘烤成熟。出炉后表面刷枫糖糖浆，筛防潮糖粉装饰

4. 小贴士

（1）操作台上要撒一些撒手粉，但不宜过多。

（2）面坯切割和摆盘速度要快，摆在模具中要放正。

（3）酵母、糖、盐要分开盛放。

（4）加入发酵黄油后要慢速搅拌均匀，然后切换至快速。

5. 质量标准

成品大小一致、形状完整、纹路层次清晰，表面金黄色、色泽均匀，甜度适中、外酥内软。

牛角弯弯三明治

1. 原料配方

项目	原料名称	烘焙百分比
发酵面团	高筋粉	70.00%
	低筋粉	30.00%
	奶粉	3.00%
	高糖半干酵母	1.80%
	面团改良剂	1.50%
	细砂糖	10.00%
	发酵黄油	5.00%
	盐	1.50%
	水	50.00%
	老面团	30.00%
油面团	片状黄油	50.00%
馅料	色拉（番茄、火腿片、熟鸡肉、芝士片、青椒丝、番茄酱、色拉酱等）	适量

2. 制作说明

成品形状：牛角形。

产品分类：酥性面包。

醒发：温度 30 ℃、相对湿度 80%、时间 60 min。

烘烤：上火温度 200 ℃、下火温度 220 ℃、时间 18 mim。

3. 操作步骤

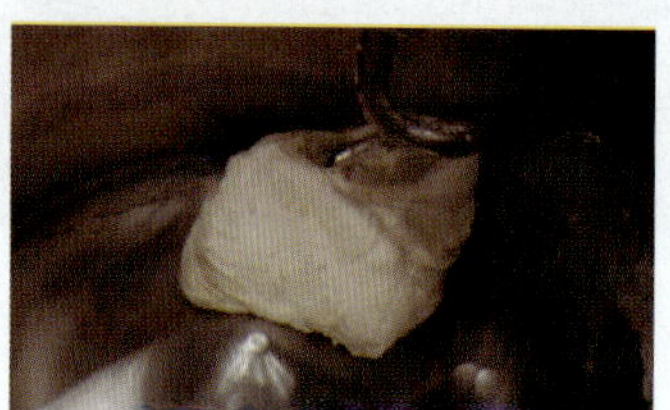

① 除发酵黄油、盐外的其他发酵面团原料放入搅拌机中搅拌均匀，快速搅拌至面筋扩展后加入发酵黄油、盐搅拌均匀，快速搅拌至面筋完全扩展

② 发酵面团压平后进冰箱冷冻松弛

③ 片状黄油压成 0.6 cm 厚的薄片

④ 发酵面团展开到片状黄油的 2 倍大小后完全包裹住片状黄油

⑤ 三折三次开酥成 0.4 cm 厚的薄片

⑥ 切割成底边长 12 cm、高 30 cm 的等腰三角形面坯，并在其底部切一刀

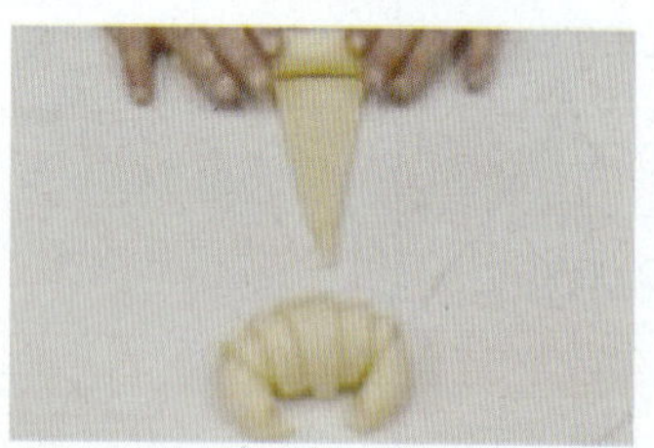

⑦ 卷制成形后摆盘（放入清洁的烤盘中），进醒发箱醒发

⑧ 入炉烘烤成熟，冷却后剖开夹入馅料

4. 小贴士

（1）控制发酵面团温度为 20 ~ 22 ℃。

（2）压平的面坯在 –18 ℃冷冻条件下松弛 10 ~ 12 h。

（3）片状黄油和发酵面团软硬度一致。

（4）每开酥一次需在冰箱冷冻松弛 20 min 左右。

5. 质量标准

成品层次分明，表面金黄色，口感丰富、香酥适宜。

牛奶妙趣棒

1. 原料配方

项目	原料名称	烘焙百分比
发酵面团	高筋粉	80.00%
	低筋粉	20.00%
	盐	1.80%
	细砂糖	12.00%
	高糖半干酵母	1.20%
	面团改良剂	0.30%
	奶粉	4.00%
	蛋液	15.00%
	水	50.00%
	发酵黄油	10.00%
油面团	片状黄油	50.00%
馅料	牛奶	适量
	卡仕达粉	适量
	稀奶油	适量
装饰	白砂糖	适量
	糖粉	适量

2. 制作说明

成品形状：卷筒状。

产品分类：酥性面包。

制作工艺：折叠法。

使用模具：圆筒模具。

醒发：温度 30 ℃、相对湿度 80%、时间 60 min。

烘烤：上火温度 210 ℃、下火温度 180 ℃、时间 16 min。

3. 操作步骤

① 除发酵黄油、盐外的其他发酵面团原料放入搅拌机中搅拌均匀

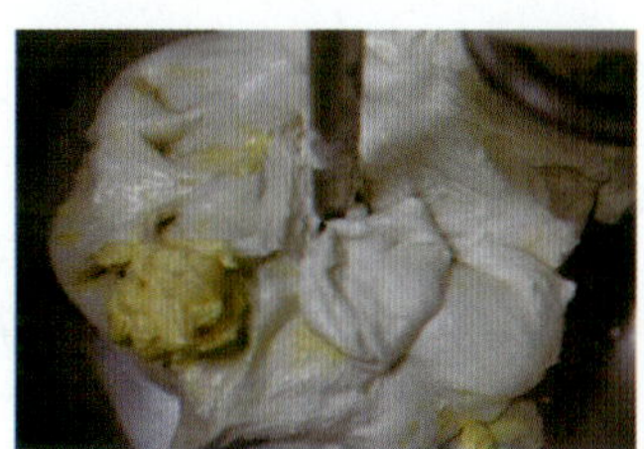

② 快速搅拌至面筋扩展后加入发酵黄油、盐搅拌均匀

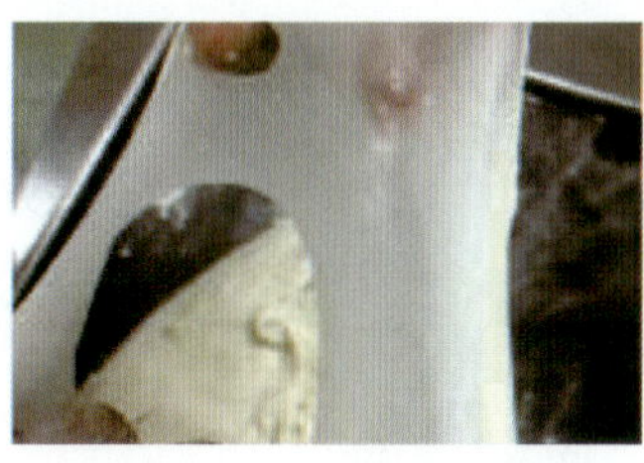

③ 快速搅拌至面筋完全扩展

④ 发酵面团展开到片状黄油的 2 倍大小后完全包裹住片状黄油

⑤ 用开酥机压成 0.7 cm 厚的薄片

⑥ 四折二次并盖塑料薄膜后放入冰箱冷藏松弛

❼ 用开酥机压成 0.6 cm 厚的薄片

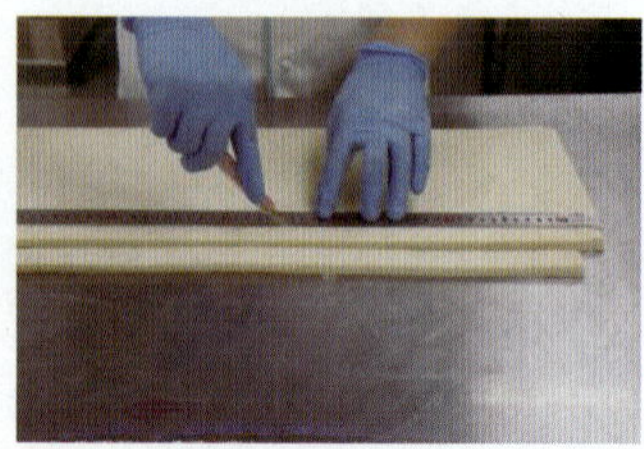

❽ 切割成 60 cm × 2.5 cm 的长条形面坯

❾ 长条形面坯卷在圆筒模具外成形，表面沾白砂糖后摆盘，进醒发箱醒发后入炉烘烤成熟，冷却后中间挤入打发的稀奶油、卡仕达粉、牛奶调制的馅料，表面筛糖粉装饰

4. 小贴士

（1）酵母与糖、盐要分开盛放。

（2）加入发酵黄油后要慢速搅拌均匀，然后切换至快速。

5. 质量标准

成品圆筒状、大小一致、形状完整、层次清晰，表面金黄色、色泽均匀，甜度适中、口感酥松。

香蒜酥条

1. 原料配方

项目	原料名称	烘焙百分比
发酵面团	高筋粉	80.00%
	低筋粉	20.00%
	面团改良剂	0.30%
	盐	1.00%
	细砂糖	15.00%
	高糖半干酵母	1.20%
	蛋液	10.00%
	奶粉	4.00%
	老面团	20.00%
	水	50.00%
	发酵黄油	10.00%
油面团	发酵起酥油	50.00%
酱料（大蒜酱）	大蒜	35.00%
	欧芹	8.00%
	细砂糖	10.00%
	盐	2.00%
	发酵黄油	100.00%

2. 制作说明

成品形状：螺旋条形。

产品分类：酥性面包。

制作工艺：折叠法。

醒发：温度 30 ℃、相对湿度 78%、时间 60 min。

烘烤：上火温度 220 ℃、下火温度 190 ℃、时间 16 min。

3. 操作步骤

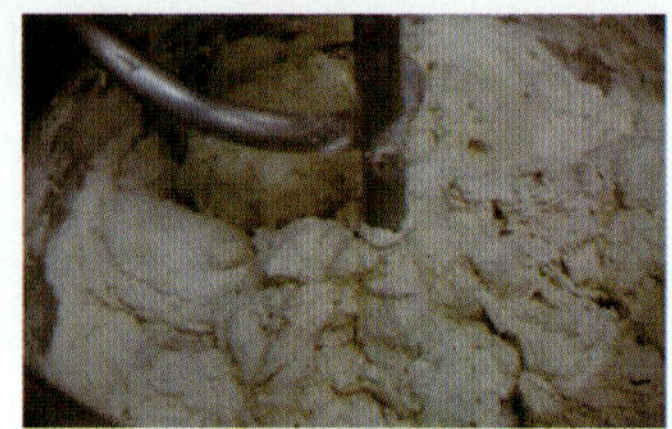
① 除发酵黄油、盐外的其他发酵面团原料放入搅拌机中搅拌均匀

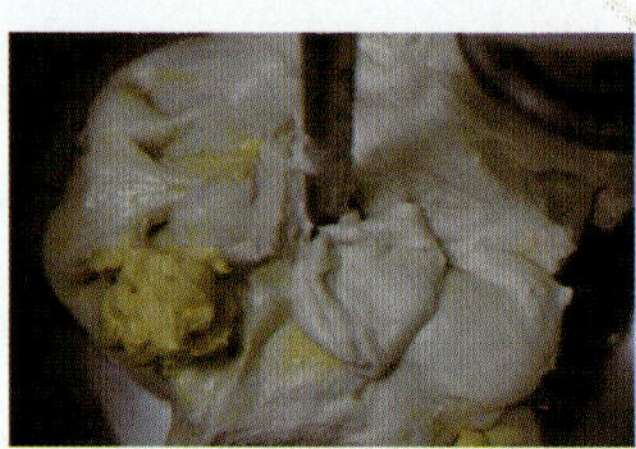
② 快速搅拌至面筋扩展后加入发酵黄油、盐搅拌均匀

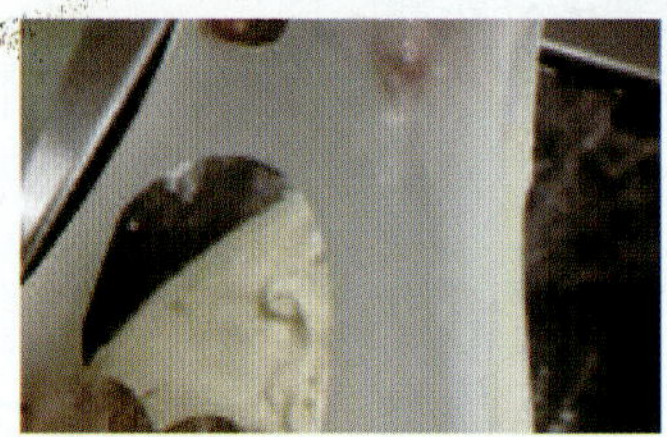
③ 快速搅拌至面筋完全扩展

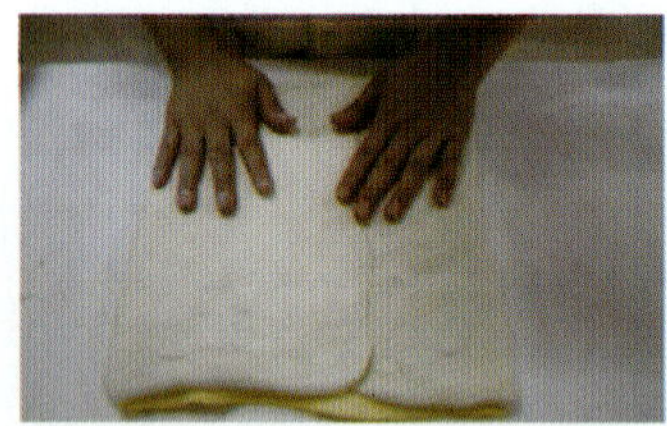
④ 发酵面团展开到发酵起酥油的 2 倍大小后完全包裹住发酵起酥油

⑤ 用开酥机压成 0.7 cm 厚的薄片

⑥ 三折三次并盖塑料薄膜后放入冰箱冷藏松弛

⑦ 用开酥机压成 0.7 cm 厚的薄片

⑧ 切割成 1.5 cm × 26 cm 的长条形面坯

⑨ 长条形面坯中间对折后旋转成形，装盘醒发后入炉烘烤成熟

⑩ 大蒜捣成蒜泥后与其他原料一起混合制成大蒜酱，裱挤到制品表面后以上火温度 40 ℃、下火温度 0 ℃复烤 3 min

4. 小贴士

（1）酵母与糖、盐要分开盛放。

（2）加入发酵黄油后要慢速搅拌均匀，然后切换至快速。

5. 质量标准

成品大小一致、形状完整、纹路层次清晰，表面金黄色、色泽均匀，甜度适中、外酥内软、蒜香浓郁。

脏脏包

1. 原料配方

项目	原料名称	烘焙百分比
发酵面团	高筋粉	70.00%
	低筋粉	30.00%
	可可粉	4.00%
	奶粉	3.00%
	高糖半干酵母	1.80%
	面团改良剂	1.50%
	细砂糖	10.00%
	发酵黄油	5.00%
	盐	1.00%
	水	50.00%
	老面团	30.00%
油面团	片状黄油	50.00%
馅料	巧克力条	适量
装饰	巧克力	适量
	稀奶油	适量
	可可粉	适量

2. 制作说明

成品形状：卷形。

产品分类：酥性面包。

醒发：温度 30 ℃、相对湿度 80%、时间 90 min。

烘烤：上火温度 200 ℃、下火温度 220 ℃、时间 18 min。

3. 操作步骤

① 除发酵黄油、盐外的其他发酵面团原料放入搅拌机中搅拌均匀，快速搅拌至面筋扩展后加入发酵黄油、盐搅拌均匀，快速搅拌至面筋完全扩展

② 发酵面团压平后进冰箱冷冻松弛

③ 片状黄油压成 0.6 cm 厚的薄片

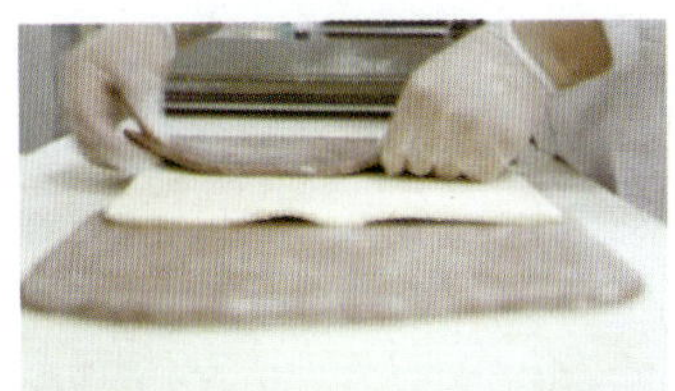

④ 发酵面团展开到片状黄油的 2 倍大小后完全包裹住片状黄油

⑤ 四折二次开酥成 0.4 cm 厚的薄片

⑥ 切割成 9 cm × 18 cm 的面片

⑦ 面片中间放上巧克力条，卷成圆柱形

⑧ 进醒发箱醒发

⑨ 入炉烘烤成熟，冷却后表面刷巧克力、稀奶油调制的巧克力酱，并筛可可粉装饰

4. 小贴士

（1）控制发酵面团温度为 20 ～ 22 ℃。

（2）压平的面团在 −18 ℃条件下松弛 10 ～ 12 h。

（3）片状黄油和发酵面团具有相同的软硬度。

（4）每开酥一次需在冰箱冷冻松弛 20 min 左右。

5. 质量标准

成品层次分明、撒粉均匀，表面巧克力色，质感酥松、巧克力味浓郁。

模块三 巧克力糕点制作

学习目标

了解巧克力糕点的原料配方。
熟悉巧克力糕点的制作条件。
熟悉制作巧克力糕点的注意事项。
能够按照操作步骤和质量标准制作巧克力糕点。

● 制作实例 ●

核桃布朗尼

1. 原料配方

项目	原料名称	烘焙百分比
面糊	黑巧克力	67.00%
	黄油	100.00%

续表

项目	原料名称	烘焙百分比
面糊	蛋液	89.00%
	细砂糖	84.00%
	杏仁粉	33.00%
	低筋粉	33.00%
	泡打粉	3.00%
	核桃碎	53.00%
	速溶咖啡粉	1.00%
馅料	黑巧克力	适量
	植脂奶油	适量
	黄油	适量
	咖啡酒	适量
装饰	核桃碎	适量

2. 制作说明

成品形状：块状。

产品分类：巧克力油蛋糕。

烘烤：上火温度 170 ℃、下火温度 175 ℃、时间 17 min。

3. 操作步骤

① 将速溶咖啡粉、细砂糖混合后放入搅拌缸，与蛋液一起慢速搅打至微发

② 加入过筛后的杏仁粉、低筋粉、泡打粉搅拌均匀

③ 加入融化后的黑巧克力与黄油混合液、核桃碎搅拌均匀

④ 蛋糕面糊装入垫好不粘布的烤盘后抹平，入炉烘烤成熟

⑤ 切割成 10 cm 见方的蛋糕坯备用

⑥ 将黑巧克力、植脂奶油、黄油、咖啡酒一起隔水加热融化成巧克力酱

⑦ 每一片蛋糕坯上均匀涂抹巧克力酱后四片叠在一起

⑧ 表面涂抹巧克力酱并抹出花纹状，撒上核桃碎装饰

4. 小贴士

（1）巧克力融化温度不宜超过 50 ℃。

（2）制作时蛋液温度常温为佳。

5. 质量标准

成品大小一致、形状完整，巧克力色，巧克力味浓郁。

蓝莓布朗尼

1. 原料配方

项目	原料名称	烘焙百分比
面糊	黑巧克力	67.00%
	黄油	100.00%
	蛋液	89.00%
	细砂糖	84.00%
	杏仁粉	33.00%
	低筋粉	33.00%
	泡打粉	3.00%
	核桃碎	53.00%
	速溶咖啡粉	1.00%
馅料	黑巧克力	50.00%
	植脂奶油①	38.00%
	黄油	15.00%
	咖啡酒	1.50%
	植脂奶油②	100.00%
	蓝莓果酱	75.00%
装饰	水果	适量

2. 制作说明

成品形状：块状。

产品分类：巧克力油蛋糕。

烘烤：上火温度 170 ℃、下火温度 175 ℃、时间 17 min。

3. 操作步骤

1 将速溶咖啡粉、细砂糖混合后放入搅拌缸，与蛋液一起慢速搅打至微发

2 加入过筛后的杏仁粉、低筋粉、泡打粉搅拌均匀

3 加入融化后的黑巧克力与黄油混合液、核桃碎搅拌均匀

4 蛋糕面糊装入垫好不粘布的烤盘后抹平，入炉烘烤成熟

5 切割成 45 cm × 10 cm 的长方形蛋糕坯备用

6 将黑巧克力与植脂奶油①、黄油、咖啡酒一起隔水加热融化

7 加入打发好的植脂奶油②调制成巧克力酱

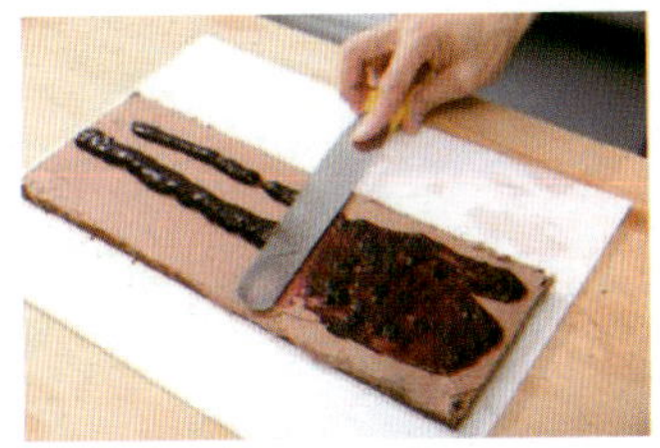

8 每一片蛋糕坯上先均匀涂抹一层巧克力酱，再均匀涂抹一层抹蓝莓果酱，最后四层叠在一起

9 用巧克力酱淋面后切割成 10 cm × 3.5 cm 的长方形蛋糕，用适量水果装饰

4. 小贴士

（1）巧克力融化温度不宜超过 50 ℃。

（2）制作时蛋液温度常温为佳。

5. 质量标准

成品大小一致、形状完整，巧克力色，巧克力味浓郁。

旋风奶油卷

1. 原料配方

项目	原料名称	烘焙百分比
面糊	蛋清	100.00%
	细砂糖	50.00%
	塔塔粉	1.00%
	牛奶	31.00%
	色拉油	25.00%
	低筋粉	45.00%
	蛋黄	50.00%
	黑巧克力	20.00%
馅料	植脂奶油	适量
装饰	防潮糖粉	适量

2. 制作说明

成品形状：圆片形。

产品分类：戚风蛋糕卷。

烘烤：上火温度 180 ℃、下火温度 160 ℃、时间 20 min。

3. 操作步骤

① 色拉油、牛奶混合后加热煮开，加入低筋粉、蛋黄搅拌成蛋黄糊

② 蛋清、细砂糖、塔塔粉打至软性发泡（蛋白膏）

③ 蛋黄糊与蛋白膏搅拌均匀

④ 一半面糊装入烤盘抹平

⑤ 剩余的另一半面糊倒入融化的黑巧克力中搅拌均匀成巧克力面糊

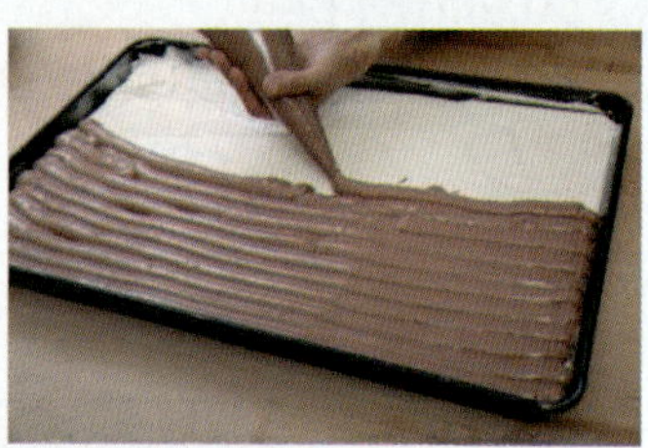

⑥ 将巧克力面糊装入裱花袋中，均匀裱挤在烤盘中的面糊上

⑦ 抹平后用抹刀在表面划出线条

⑧ 铲出图案后入炉烘烤成熟

⑨ 在烤制完的蛋糕坯反面涂抹打发好的植脂奶油，用油纸压卷成条后放入冰箱冷藏

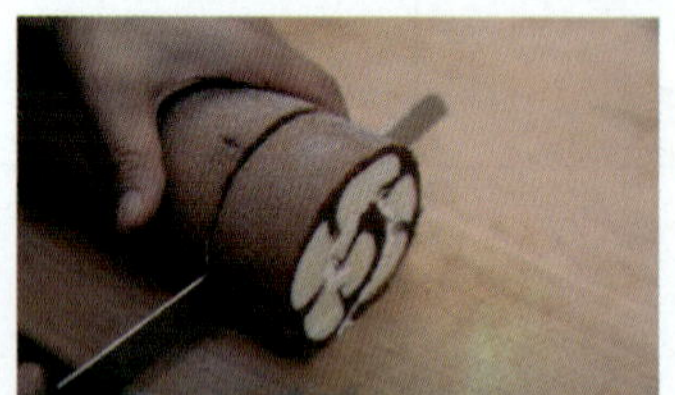

⑩ 筛上防潮糖粉后切割成 4 cm 厚的片状蛋糕

4. 小贴士

（1）蛋糕卷压卷成形时不要留有空隙，以免影响成品美观。

（2）蛋糕卷先冷藏，再脱去油纸，最后切片成形。

5. 质量标准

成品大小一致、形状完整，巧克力味浓郁。

模块四　装饰蛋糕制作

学习目标

了解装饰蛋糕的原料配方。
熟悉装饰蛋糕的制作条件。
熟悉制作装饰蛋糕的注意事项。
能够按照操作步骤和质量标准制作装饰蛋糕。

制作实例

黄金芝士条

1. 原料配方

项目	原料名称	烘焙百分比
坯料	蛋液	100.00%
	细砂糖	73.00%

续表

项目	原料名称	烘焙百分比
坯料	低筋粉	64.00%
	奶粉	18.00%
	色拉油	36.00%
	黄油	29.00%
	牛奶	18.00%
面料	黄油	100.00%
	细砂糖	94.00%
	低筋粉	38.00%
	奶粉	33.00%
	蛋黄	72.00%
装饰	马苏里拉芝士	44.00%

2. 制作说明

成品形状：块状。

产品分类：装饰蛋糕。

制作工艺：全蛋搅拌法。

烘烤：上火温度 210 ℃、下火温度 150 ℃、时间 40 min（35 min+5 min）。

3. 操作步骤

① 蛋液、细砂糖慢速搅拌均匀，加入低筋粉、奶粉慢速搅拌均匀后打发

② 加入融化的黄油、牛奶、色拉油，慢速搅拌均匀后装入烤盘入炉烘烤成熟（约 35 min）并冷却

③ 黄油与细砂糖搅拌均匀，加入低筋粉、奶粉搅拌均匀

4 加入蛋黄搅拌均匀后平整地涂抹在蛋糕坯表层

5 刷上蛋黄、撒上马苏里拉芝士并入炉烘烤成金黄色（约 5 min）后脱模切割成块状

4. 小贴士

（1）制作时蛋液温度常温为佳。

（2）全蛋搅拌法搅打的面糊比重为 0.4 ～ 0.45。

5. 质量标准

成品大小一致、形状完整，颜色均匀一致，芝士味浓郁。

多层婚礼蛋糕

1. 原料配方

项目	原料名称	烘焙百分比
坯料	蛋糕坯	适量
装饰	植脂奶油	100.00%
	蓝莓果酱	10.00%
	草莓果酱	10.00%
	饼干碎	25.00%
	草莓	适量
	防潮糖粉	适量
	食用红色素	适量

2. 制作说明

成品形状：圆形。

产品分类：装饰蛋糕。

3. 操作步骤

❶ 蛋糕坯平均切割成三等份

❷ 底层蛋糕坯表面均匀涂抹蓝莓果酱

❸ 抹上打发好的植脂奶油后覆盖蛋糕坯

❹ 中间层蛋糕坯表面涂抹打发好的植脂奶油和草莓果酱

❺ 覆盖表层蛋糕坯

❻ 均匀涂抹打发好的植脂奶油

❼ 在抹面完成的蛋糕坯外面粘饼干碎（用适量食用红色素调制）

❽ 打发好的植脂奶油装入裱花袋后裱挤装饰花纹

❾ 用草莓装饰后撒上防潮糖粉

4. 小贴士

（1）蛋糕坯需保持常温或冷藏状态。

（2）装饰水果可根据个人喜好自行选择。

5. 质量标准

成品形态完整，口感细腻、润滑。

复活节奶油蛋糕

1. 原料配方

项目	原料名称	烘焙百分比
坯料	蛋糕坯	适量
装饰	植脂奶油	100.00%
	蓝莓果酱	10.00%
	草莓果酱	10.00%
	饼干碎	10.00%
	水果	适量
	白巧克力	适量
	各色食用色素	适量

2. 制作说明

成品形状：圆形。

产品分类：装饰蛋糕。

3. 操作步骤

① 蛋糕坯平均切割成三等份

② 底层蛋糕坯表面均匀涂抹蓝莓果酱和打发好的植脂奶油后覆盖蛋糕坯

③ 中间层蛋糕坯表面涂抹打发好的植脂奶油和草莓果酱

④ 覆盖表层蛋糕坯

⑤ 均匀涂抹打发好的植脂奶油

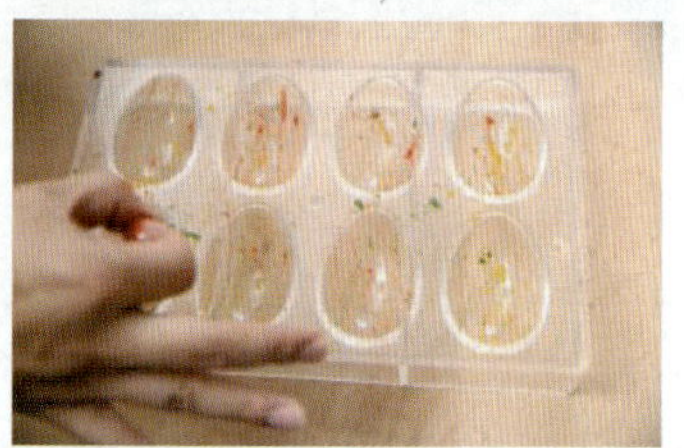
⑥ 蛋模中弹入各色食用色素

⑦ 白巧克力隔水融化

⑧ 白巧克力液倒入蛋模中

⑨ 刮平蛋模，冷却后脱模。用巧克力蛋、饼干碎、水果等装饰蛋糕

4. 小贴士

（1）蛋糕坯需保持常温或冷藏状态。

（2）装饰物品可根据个人喜好自行选择。

5. 质量标准

成品形态完整、装饰美观、色彩丰富，口感香甜可口。

翻糖婚礼蛋糕

1. 原料配方

原料名称	烘焙百分比
蛋糕坯	适量
干佩斯	适量
翻糖面团	适量
色粉（金色）	适量

2. 制作说明

成品形状：圆柱形。

产品分类：装饰蛋糕。

3. 操作步骤

① 将翻糖面团擀成足以包覆蛋糕坯的翻糖皮

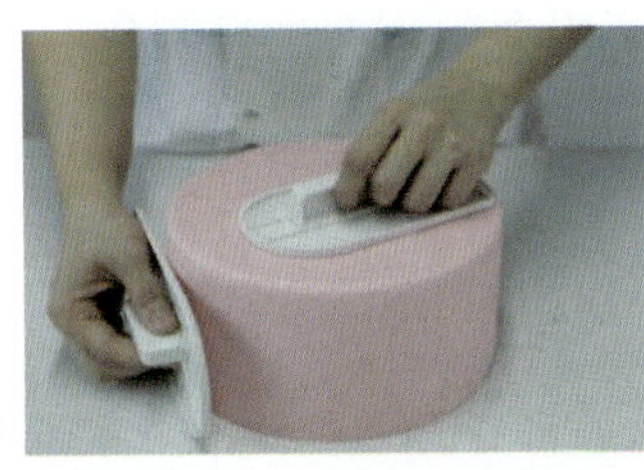

② 将擀好的翻糖皮包覆在蛋糕坯上，并用抚平器整理平顺

③ 将已经包好的翻糖蛋糕坯整齐地叠放在底盘上

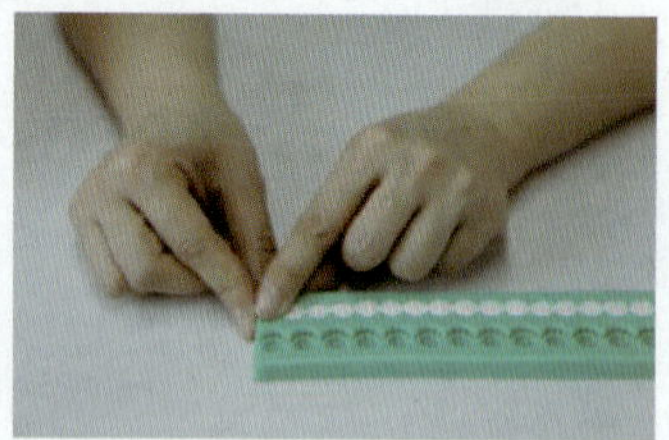
4 用硅胶模具刻出围边的翻糖装饰条

5 用色粉对围边装饰条进行上色

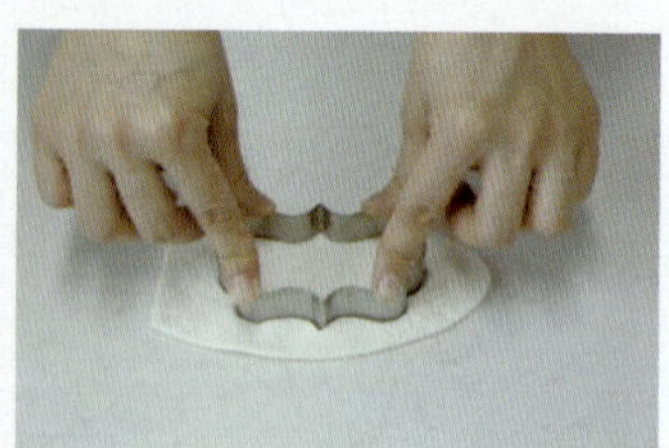
6 用切模刻出翻糖铭牌

7 将干佩斯用叶子纹路模具制作叶子

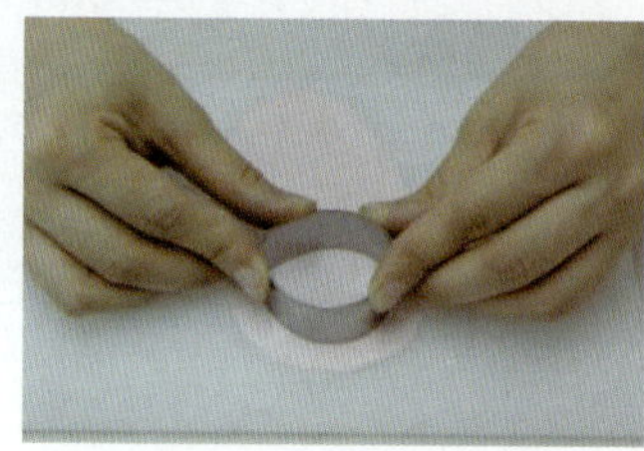
8 将干佩斯用花瓣切模切出花瓣

9 将花瓣组装成花朵

10 将花朵和叶子扎成花束放在蛋糕顶部装饰，贴上铭牌并整理蛋糕的整体效果

4. 小贴士

（1）装饰花卉制作时要注意防潮。

（2）翻糖围边装饰条上色要用食用酒精进行调色。

（3）翻糖皮擀制时注意边缘和中心的厚薄一致。

5. 质量标准

成品包面光滑、比例正确，装饰花卉效果逼真、姿态自然，围边严密、收口恰当。

模块五　慕斯制作

学习目标

了解慕斯的原料配方。
熟悉慕斯的制作条件。
熟悉制作慕斯的注意事项。
能够按照操作步骤和质量标准制作慕斯。

制作实例

巧克力喷砂慕斯

1. 原料配方

项目	原料名称	烘焙百分比
慕斯糊	水	30.00%
	细砂糖	20.00%

续表

项目	原料名称	烘焙百分比
慕斯糊	蛋黄	27.00%
	黑巧克力	68.00%
	白巧克力	68.00%
	植脂奶油	100.00%
	覆盆子果酱	48.00%
	明胶	4.80%
装饰	水果	适量
	巧克力	100.00%
	可可脂	100.00%
坯料	蛋糕坯	适量

2. 制作说明

成品形状：圆形。

产品分类：慕斯蛋糕。

冷冻：温度 -18 ℃、时间 6 h。

3. 操作步骤

① 将细砂糖放入水中熬煮成糖水，缓慢地倒入搅打均匀的蛋黄液中

② 将蛋黄液加入隔水融化的黑白巧克力中搅拌均匀

③ 加入软化的明胶搅拌均匀

4 加入打发好的植脂奶油搅拌成巧克力慕斯糊

5 慕斯圈底部用保鲜膜包上后倒入一层巧克力慕斯糊

6 放入一层蛋糕坯

7 在蛋糕坯表面挤上一层覆盆子果酱

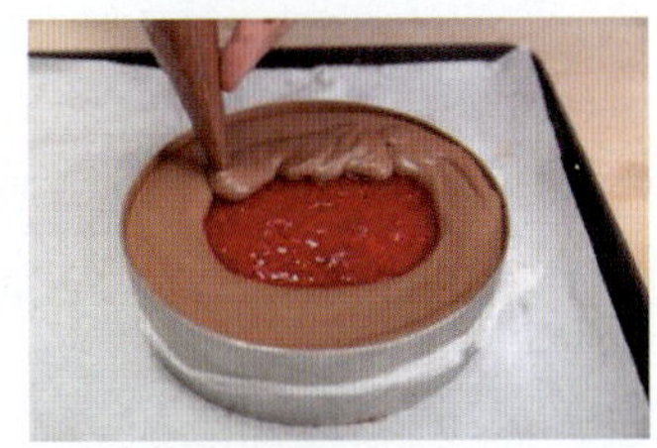

8 在果酱上挤上一层巧克力慕斯糊

9 表面放上一层蛋糕坯并保证平整，放入冰箱冷冻后脱模，表面用巧克力和可可脂调制液喷砂并用水果装饰

4. 小贴士

（1）加热后的糖水倒入蛋黄液中时必须缓慢倒入，同时要不停地搅拌蛋黄液，防止局部过热凝结成块。

（2）巧克力喷砂时要注意环境温度，控制不好容易造成巧克力开裂或脱落。

5. 质量标准

成品形状完整，色泽均匀一致，巧克力味浓郁。

可可淋面慕斯

1. 原料配方

项目	原料名称	烘焙百分比
淋面酱	水	43.00%
	糖粉	100.00%
	稀奶油	76.00%
	葡萄糖	35.00%
	可可粉	27.00%
	明胶	3.00%
坯料	圆形慕斯蛋糕坯	适量
装饰	食用金粉	适量

2. 制作说明

成品形状：圆形。

产品分类：慕斯蛋糕。

使用模具：圆形硅胶模。

3. 操作步骤

① 将水、糖粉、葡萄糖放入锅中煮沸

② 加入稀奶油搅拌并加热至再次沸腾后关火

③ 可可粉过筛后倒入锅中继续加热搅拌至沸腾

④ 隔水冷却至 80 ℃以下后加入软化的明胶搅拌均匀

⑤ 降温至 40 ℃后用均质机均质制成可可淋面酱

⑥ 将圆形慕斯蛋糕坯放置在网架上，在网架下方放置一个托盘

⑦ 将温度降至 30 ℃的可可淋面酱均匀地淋满整个蛋糕坯

⑧ 用小刮刀将淋面完成的蛋糕取下放在托盘上

⑨ 在淋面表面轻喷食用金粉装饰

4. 小贴士

熟悉均质机的功能及使用方法。

5. 质量标准

成品形状完整、过渡圆润、表面平整、厚薄均匀、无气泡、颜色均匀。

巧克力淋面慕斯

1. 原料配方

项目	原料名称	烘焙百分比
淋面酱	稀奶油	100.00%
	葡萄糖	19.00%
	杏桃果胶	25.00%
	明胶	3.00%
	白巧克力	94.00%
	食用色素	适量
坯料	方形慕斯蛋糕坯	适量
装饰	水果	适量

2. 制作说明

成品形状：方形。

产品分类：慕斯蛋糕。

使用模具：方形硅胶模。

3. 操作步骤

① 将稀奶油、葡萄糖、杏桃果胶放入锅中加热至沸腾

② 将白巧克力加入锅中搅拌均匀后降温

③ 温度降至 80 ℃以下时加入软化的明胶搅拌均匀后继续降温

④ 温度降至 40 ℃时加入食用色素，用均质机进行均质制成巧克力淋面酱

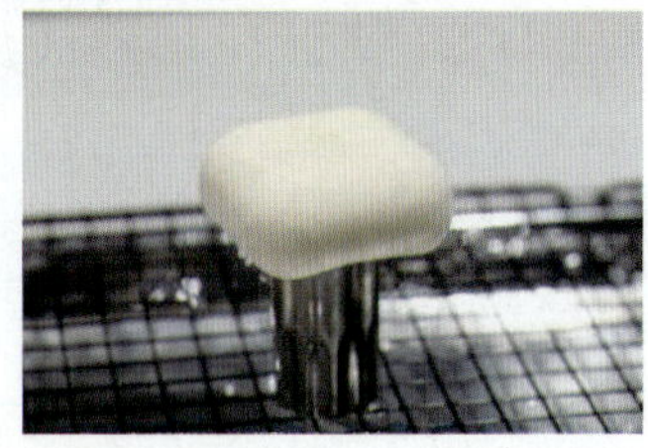

⑤ 将方形慕斯蛋糕坯放置在网架上，在网架下方放置一个托盘

⑥ 将温度降至 30 ℃的巧克力淋面酱均匀地淋满整个蛋糕坯

⑦ 用小刮刀将淋面完成的蛋糕取下放在托盘上，并用适量水果装饰

4. 质量标准

成品形状完整、过渡圆润、表面平整、厚薄均匀、无气泡、颜色均匀。

草莓爱心慕斯

1. 原料配方

项目	原料名称	烘焙百分比
慕斯糊	牛奶	21.00%
	细砂糖	3.00%
	明胶	4.00%
	酸奶	28.00%
	君度酒	3.00%
	草莓果酱	69.00%
	植脂奶油	100.00%
馅料（草莓库里）	水	27.00%
	细砂糖	10.00%
	草莓果酱	100.00%
	明胶	7.00%
坯料	蛋糕坯	适量
装饰	红色淋面酱、各种水果条、巧克力条	适量

2. 制作说明

成品形状：心形。

产品分类：慕斯蛋糕。

冷冻：温度 -18 ℃、时间 300 min。

3. 操作步骤

① 牛奶中加入细砂糖，隔水加热至 80 ℃

② 加入草莓果酱搅拌均匀，加入软化的明胶搅拌均匀

③ 加入酸奶、君度酒搅拌均匀

④ 先加入 30% 打发好的植脂奶油搅拌均匀，再将剩余的植脂奶油加入搅拌均匀成草莓慕斯糊

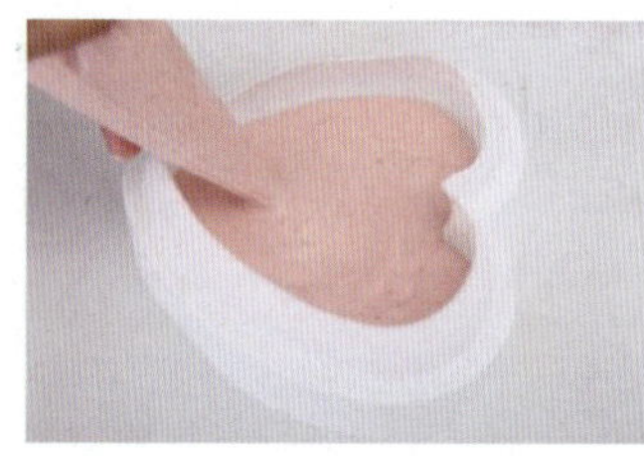

⑤ 将一半草莓慕斯糊挤入心形模具后放入冰箱冷冻成形

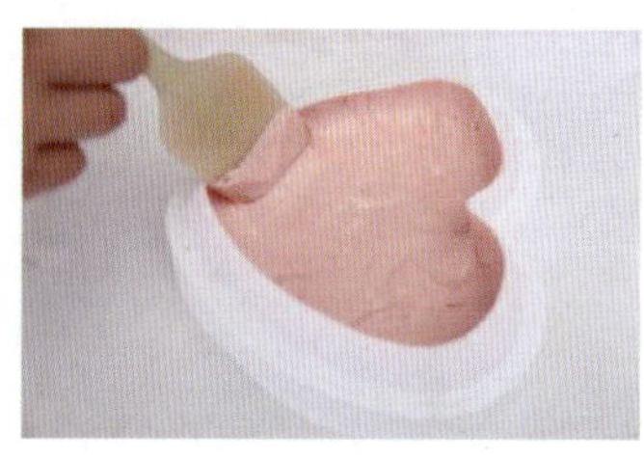

⑥ 将馅料制成草莓库里，挤入冷冻后的草莓慕斯里并抹平作为夹心

⑦ 挤上剩余的慕斯糊后放上蛋糕胚，抹平整并放入冰箱冷冻

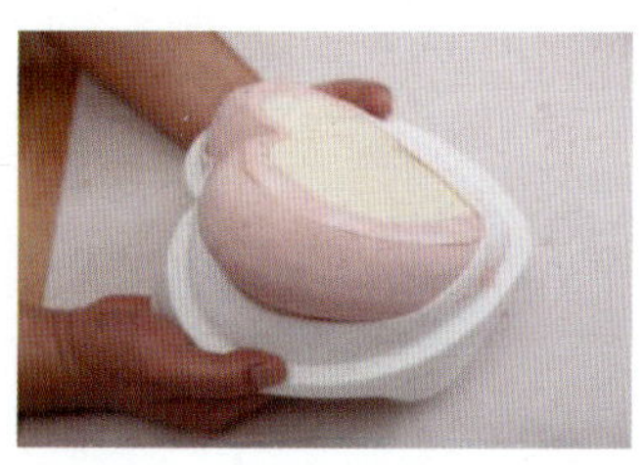

⑧ 将冷冻后的草莓慕斯脱模，淋上红色淋面酱，用适量水果条、巧克力条装饰

4. 小贴士

草莓库里的制作方法：将水与细砂糖烧开后倒入草莓果酱中，加入软化的明胶，搅拌均匀后放冰箱冷冻。

5. 质量标准

成品心形、形态端正，色泽均匀一致，具有草莓味，润滑爽口。

蓝莓乳酪慕斯

1. 原料配方

项目	原料名称	烘焙百分比
慕斯糊	牛奶	16.00%
	细砂糖	3.00%
	明胶	3.40%
	蓝莓果酱	53.00%
	植脂奶油	100.00%
坯料	蛋糕坯	适量
馅料（草莓库里）	水	27.00%
	细砂糖	10.00%
	草莓果酱	100.00%
	明胶	7.00%
装饰	巧克力条	适量
	开心果碎	适量
	水果	适量

2. 制作说明

成品形状：方形。

产品分类：慕斯蛋糕。

冷冻：温度 -18 ℃、时间 300 min。

3. 操作步骤

① 牛奶中加入细砂糖后隔水加热至 80 ℃，加入软化的明胶搅拌均匀

② 加入蓝莓果酱和 1/3 打发好的植脂奶油搅拌均匀，然后将剩余打发好的植脂奶油加入并搅拌均匀成蓝莓慕斯糊

③ 将一半蓝莓慕斯糊入模，涂抹平整后放入蛋糕坯

④ 将水与细砂糖烧开，加入草莓果酱、软化的明胶后冷冻制作成草莓库里均匀地挤在蛋糕坯上

⑤ 将剩余的蓝莓慕斯糊挤入模具，涂抹平整，放入冰箱冷冻成形后脱模，用巧克力条、开心果碎、水果等装饰

4. 质量标准

成品装饰美观、形状完整，色泽均匀一致，具有蓝莓味、酸甜可口。

经典巧克力慕斯

1. 原料配方

项目	原料名称	烘焙百分比
黑巧克力慕斯糊	水	15.00%
	细砂糖	10.00%
	蛋黄	13.00%
	黑巧克力	70.00%
	植脂奶油	100.00%
	明胶	2.00%
白巧克力慕斯糊	白巧克力	60.00%
	植脂奶油	100.00%
	明胶	2.00%
坯料	蛋糕坯	适量
装饰	巧克力淋面酱	适量
	各种水果	适量

2. 制作说明

成品形状：块状。

产品分类：慕斯蛋糕。

使用模具：慕斯框。

冷冻：温度 -18 ℃、时间 300 min。

3. 操作步骤

1 将加热后的细砂糖、水缓慢地倒入蛋黄液中

2 将蛋黄液加入隔水融化的黑巧克力中搅拌均匀

3 加入软化的明胶搅拌均匀

4 加入打发好的植脂奶油搅拌成黑巧克力慕斯糊

5 白巧克力隔水融化后加入软化的明胶搅拌均匀，冷却至 30 ℃

6 加入打发好的植脂奶油搅拌成白巧克力慕斯糊

7 在黑巧克力慕斯糊中夹上一层蛋糕坯，并裱挤白巧克力慕斯糊抹平，放入冰箱冷冻

8 脱模后用巧克力淋面酱淋面，并用各种水果装饰

4. 小贴士

（1）加热后的糖水倒入蛋黄液中时必须缓慢倒入，同时要不停地搅拌蛋黄液，防止局部过热凝结成块。

（2）加入打发好的植脂奶油时，慕斯糊温度不宜超过 40 ℃。

5. 质量标准

成品大小一致、形状完整，色泽均匀一致，巧克力味浓郁、口味丰富。

圆形提拉米苏

1. 原料配方

项目	原料名称	烘焙百分比
慕斯糊	马斯卡彭乳酪	100.00%
	蛋黄	33.00%
	细砂糖	17.00%
	牛奶	17.00%
	明胶	4.00%
	植脂奶油	44.00%
饼干料	蛋清	100.00%
	细砂糖	51.00%
	塔塔粉	2.00%
	低筋粉	46.00%
	玉米淀粉	8.00%
	糖粉	适量
调料	细砂糖	100.00%
	水	100.00%

续表

项目	原料名称	烘焙百分比
调料	咖啡酒	40.00%
	咖啡粉	适量
装饰	可可粉	适量
	防潮糖粉	适量

2. 制作说明

成品形状：圆形。

产品分类：慕斯。

使用模具：慕斯框。

烘烤：上火温度 200 ℃、下火温度 180 ℃、时间 7 min。

冷冻：温度 -18 ℃、时间 300 min。

3. 操作步骤

① 先将蛋清与细砂糖、塔塔粉混合后打发

② 加入低筋粉、玉米淀粉搅拌均匀

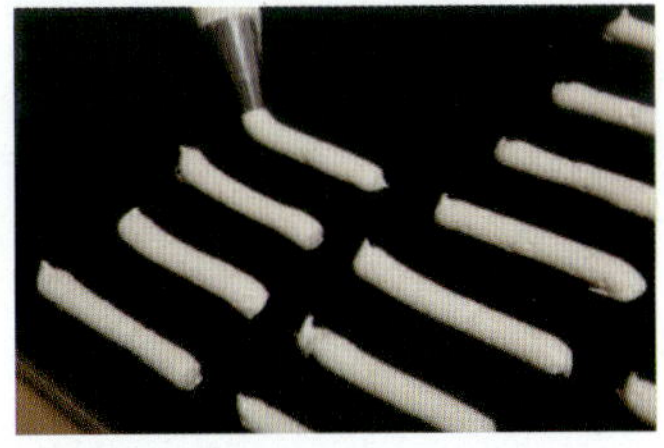

③ 在烤盘上挤成手指状，表面撒糖粉

④ 手指饼干坯入炉烘烤成熟

⑤ 细砂糖、水、咖啡粉入锅煮开，加咖啡酒搅拌均匀成咖啡液

⑥ 将咖啡液刷在手指饼干上备用

⑦ 将马斯卡彭乳酪打软至顺滑无颗粒

⑧ 加入牛奶、蛋黄、细砂糖、软化的明胶搅拌均匀后，拌入打发好的植脂奶油

⑨ 慕斯糊加手指饼干入模冷冻，脱模后撒可可粉、防潮糖粉

4. 小贴士

马斯卡彭乳酪必须隔水稍加热后才能搅拌均匀。

5. 质量标准

成品形状完整、无缺损，色泽均匀一致，具有咖啡乳酪味、香浓可口。

附录　西式面点常用英汉词汇

类别	中文	英文
设备和工具	搅拌机	mixer
	开罐器	can opener
	量杯	measuring cup
	隧道式烤炉	tunnel oven
	秤	scale
	茶匙	tea spoon
	温度计	thermometer
	木勺	wooden spoon
	转炉	revolving oven
原料	乳化剂	emulsifier
	榛子酱	hazelnut paste
	原料	raw material
	起酥油	shortening
	杏	apricot
	栗子	chestnut
	丁香	clove
	猕猴桃	kiwi
	桃	peach
	马铃薯	potato

续表

类别	中文	英文
工艺	加入	add
	洗涤	wash
	搅打	beat
	包裹、覆盖	wrap
	冷却	chill
	稀释	dilute
	装饰	decorate
	分割	divide
	折叠	fold
	冷冻	freeze
	质量	mass
	磨碎	grind
	成熟	maturing
	配方	formula
	技术	technique
	擀开	roll out
	过程	process
	过滤、筛	sift
状态描述	粗糙	coarse
	厚	thick
	柔软	tender
	缓慢	slow
	粗糙度	roughness
	长	long
	快速	instant

续表

类别	中文	英文
状态描述	金黄色	gold
	薄片状	flaky
	弹性	elasticity
	芳香、香味	aroma
	缺乏、不足	lack
	溶解性	solubility
	沸点	boiling point
	熔点	melting point
	混合物	mixture
	液体	liquid
	后面	back